ISBN 978-1-332-37854-8
PIBN 10382350

1 MONTH OF
FREE
READING

at

www.ForgottenBooks.com

By purchasing this book you are eligible for one month membership to ForgottenBooks.com, giving you unlimited access to our entire collection of over 700,000 titles via our web site and mobile apps.

To claim your free month visit:
www.forgottenbooks.com/free382350

English
Français
Deutsche
Italiano
Español
Português

www.forgottenbooks.com

Mythology Photography **Fiction**
Fishing Christianity **Art** Cooking
Essays Buddhism Freemasonry
Medicine **Biology** Music **Ancient
Egypt** Evolution Carpentry Physics
Dance Geology **Mathematics** Fitness
Shakespeare **Folklore** Yoga Marketing
Confidence Immortality Biographies
Poetry **Psychology** Witchcraft
Electronics Chemistry History **Law**
Accounting **Philosophy** Anthropology
Alchemy Drama Quantum Mechanics
Atheism Sexual Health **Ancient History**
Entrepreneurship Languages Sport
Paleontology Needlework Islam
Metaphysics Investment Archaeology
Parenting Statistics Criminology
Motivational

CORRESPONDANCE

INÉDITE

D'AUGUSTE COMTE

Il a été tiré de cet ouvrage quinze exemplaires sur papier de luxe,

au prix de 15 francs le volume.

CORRESPONDANCE

INÉDITE

uguste Comte

« Vivre au grand jour. »

PREMIÈRE SÉRIE

PARIS

AU SIÈGE DE LA SOCIÉTÉ POSITIVISTE

10, Rue Monsieur-le-Prince, 10

1903

B
22 H

1:1

Nous commençons la publication, longtemps attendue, de la correspondance inédite d'Auguste Comte, sans faire aucun choix, comme il convient à l'égard de tout ce qui émane de ce puissant penseur. Tel billet qui peut sembler insignifiant pour quelques lecteurs aura pour d'autres une grande importance.

Il était difficile d'adopter un ordre bien déterminé ; nous donnons d'abord les lettres à quelques exécuteurs testamentaires de Comte qui n'ont pas encore vu le jour ; avec les lettres à Blainville et quelques autres fort intéressantes cela constituera la matière de ce premier volume et de la plus grande partie du second.

On cherchera certainement plus tard, avec les matériaux épars de divers côtés, à faire un classement meilleur ; l'essentiel était de préserver de la destruction les manuscrits non imprimés.

Dans cette tâche nous avons été secondés par nos dévoués confrères MM. Édouard Pelletan et Numa Raflin, qui nous ont prêté le concours de leur compétence reconnue, pour l'exécution typographique et la correction des épreuves.

UNE LETTRE A M. BUCHHOLZ

A BERLIN.

1825.

Paris, le 18 novembre 1825.

Monsieur,

C'est avec une profonde satisfaction mêlée d'un sentiment d'orgueil que j'ai lu la lettre infiniment honorable dont vous avez bien voulu charger pour moi M. Scholz. J'éprouve trop vivement le besoin de vous en adresser mes sincères remerciements pour tarder davantage à me procurer ce nouveau plaisir. L'approbation des hommes compétents est la principale récompense que j'ambitionne dans mes travaux, et à peu près le seul encouragement sur lequel j'ose compter. Quel prix ne dois-je donc pas attacher aux éloges beaucoup trop flatteurs sans doute par lesquels vous avez daigné accueillir mes premiers essais ! La témérité d'un jeune homme qui avant d'avoir atteint sa trentième année a osé se tracer pour la vie entière un plan déterminé de recherches sur le sujet le plus important et le plus difficile qui puisse occuper l'esprit humain, a besoin pour ne pas dégénérer en une folle et vaine présomption d'être soutenue par la bien-veillante adhésion de ceux qui, comme vous, ont obtenu dans la carrière philosophique de longs et légitimes succès.

Je me félicite particulièrement, Monsieur, de la concordance que vous reconnaissez entre les résultats de l'ensemble de vos méditations et ceux de mes travaux naissants. Mon ignorance totale de la langue allemande ne me permet pas de vérifier directement une conformité si glorieuse pour moi. Mais quelques extraits de vos ouvrages que M. d'Eichthal a bien voulu traduire à ma prière, et qu'il a certainement choisis avec ce profond discernement que vous avez pu apercevoir en lui, m'avaient mis à portée depuis un an de constater l'harmonie de nos tendances philosophiques. Le fait de cette convergence n'est pas seulement flatteur pour mon amour-propre, j'y vois surtout, quant à mes travaux, une puissante présomption de cette justesse qui dans l'ordre moral consiste essentiellement dans l'opportunité. L'accord longtemps soutenu de deux montres qui n'auraient pas été réglées, directement ou indirectement, l'une sur l'autre, serait sans doute, aux yeux de tout homme sensé, une preuve presque infaillible de la régularité de leur mouvement commun. Que sera-ce donc de l'harmonie de deux machines aussi étrangement compliquées que des cerveaux humains ? Et n'est-ce pas là, en effet, le seul procédé journalier par lequel tous ceux qui ne peuvent pas juger directement les démonstrations scientifiques, en vérifient la justesse et leur accordent ou leur refusent leur adhésion ?

Quelle admirable propriété de la philosophie

positive, que de pouvoir ainsi, malgré toutes les différences d'organisation, d'âge, d'éducation, de climat et de langue, de gouvernement et d'habitudes sociales, enfin sans aucune relation quelconque, déterminer spontanément une communion d'idées qui n'a pu être produite et maintenue à d'autres époques que par l'action combinée sans cesse de moyens artificiels et violents, en exigeant même pour condition première une certaine compression générale et permanente de l'activité intellectuelle ! La théorie qui a pu réunir de cette manière deux esprits seulement éprouve sa puissance de sociabilité ; elle est nécessairement destinée à amener tôt ou tard une communion universelle. Si au moyen âge nos prêtres n'avaient pas été [.....] (1) d'une langue sacrée, il leur eût été impossible de s'accorder sur les points principaux sans s'être concertés personnellement, même en supposant remplies toutes les autres conditions d'association, parce que leur doctrine était de sa nature trop vague et trop indéterminée, pour n'être pas diversement et profondément altérée par l'influence inévitable et continue des signes sur les idées. Mais aujourd'hui, grâce au caractère positif de la nouvelle philosophie, les membres du pouvoir spirituel moderne qui s'élève en Europe peuvent même se passer de ce puissant moyen artificiel, tant leur harmonie est naturelle et intime.

.

(1) Les points mis entre crochets se substituent aux mots que l'action du temps a détruits sur le texte d'Auguste Comte.

J'espère, Monsieur, être à portée dans quelques
mois de soumettre à votre jugement la seconde
partie de mon travail, que je suis occupé à terminer. Vous savez qu'après avoir tenté d'établir dans
la première les bases et le caractère de la méthode
en physique sociale, je dois, dans celle-ci, aborder
directement la science en traçant une première
esquisse du développement général de l'espèce
humaine tel que les annales l'indiquent, ramené
dans toutes ses parties principales à des lois naturelles invariables dont l'ensemble puisse déterminer
avec sûreté l'avenir social. Je pense comme vous,
Monsieur, que cette portion de mes recherches est
la plus importante, celle qui peut exercer sur l'état
présent de l'esprit humain l'influence la plus étendue
et la plus immédiate. La théologie et la métaphysique ne peuvent être définitivement éteintes que
par un tel enchaînement des faits historiques.

Puissé-je n'être point au-dessous de cette grande
tâche ! J'ose affirmer du moins que ce ne sera pas
le zèle qui me manquera. Je vois dans toute leur
grandeur les divers obstacles que votre bienveillante
sollicitude me signale. Mais, suivant votre heureuse
expression, je sens aussi que l'esprit du siècle cons-
pire pour moi. Soutenu par une telle conviction,
excité par le suffrage des hommes de votre trempe,
j'espère ne pas me laisser abattre par les difficultés.
Il n'y en a guère à mon avis, qui soient assez puis-
santes pour étouffer une activité intellectuelle, dont
le caractère est bien déterminé, et qui, développée
de bonne heure, a pu se combiner profondé-

ment avec tous les ressorts de la personnalité humaine.

L'expérience universelle de tous les temps, ne me laisse aucun doute à cet égard et notre siècle est bien certainement, tout compensé, celui où l'exercice et l'empire de la pensée aient jamais éprouvé le moins d'entraves réelles. Si donc j'échouais, ce serait surtout moi qu'il faudrait rendre responsable et non l'extérieur ; cela ne pourrait tenir essentiellement qu'à ce que je n'aurais pas suffisamment rempli les diverses conditions imposées par la nature d'une méthode que je me serais alors témérairement attribuée.

Je ne dois pas négliger, Monsieur, de vous adresser mille remerciements pour l'empressement si bienveillant avec lequel vous avez daigné signaler à l'attention des penseurs allemands la première partie de mon travail. Je connais trop le prix de votre approbation et le juste crédit dont elle jouit en Allemagne, pour ne pas solliciter, à l'avance, le bénéfice de la même protection en faveur de la seconde partie.

Daignez agréer, Monsieur, l'assurance de toute la considération avec laquelle j'ai l'honneur d'être

Votre dévoué serviteur,

A^{te} COMTE.

N° 13, rue du Faubourg-Montmartre.

P. S. — Je vous remercie, Monsieur, de m'avoir

procuré la connaissance de M. Scholz, qui me paraît être un homme fort estimable, et auquel, sur votre recommandation, je suis disposé à rendre tous les petits services qui dépendront de moi.

UNE LETTRE A M. MENJAUD

1826.

D'après l'original de M. Charavay.

Monsieur MENJAUD, Professeur de Mathématiques,
n° 5, rue d'Ulm. 12ᵉ arrondissement.

J'accepte avec le plus grand plaisir, mon cher Menjaud, le jour et l'heure que vous me proposez pour notre entrevue, je vous attendrai donc, comme vous le désirez, à l'instant marqué. Je vous prie de témoigner d'avance à M. de La Mennais combien je suis profondément sensible à l'expression de son estime, à laquelle je tiens encore plus sous le rapport moral que sous le rapport intellectuel. Au milieu des injustices et des persécutions dont j'ai lieu d'entrevoir déjà que ma carrière sera entravée par l'égoïsme et la médiocrité de mes contemporains (et plus particulièrement d'une certaine classe d'entre eux) ce me sera toujours une consolation infinie et précieuse que d'avoir été senti et apprécié par un homme de ce mérite et de cette trempe, ayant, de plus, toutes les qualités requises pour être absolument impartial.

Adieu, mon cher Menjaud, à après-demain midi.

Votre dévoué camarade,

Aᵗᵉ Comte.

Ce mardi matin 28 février 1826.

Mes hommages sincères et respectueux à Mᵐᵉ Menjaud.

VINGT-HUIT LETTRES A BLAINVILLE

1826-1846.

D'après les originaux conservés par Blainville
et acquis par la Société Positiviste.

Paris, ce lundi 27 février 1826.

Mon cher Monsieur,

Connaissant toute la valeur de votre temps, et attachant une grande importance à n'en pas troubler l'économie quand je n'en ai pas un besoin immédiat, je me borne aujourd'hui à déposer chez votre portier le paquet de n°ˢ du *Producteur* contenant les trois articles que j'ai déjà publiés sur la question du pouvoir spirituel; j'y laisse aussi cette lettre destinée à vous expliquer le motif principal d'une telle communication, motif que je préfère d'ailleurs vous exprimer par écrit, pour plus de précision.

Je sais que vous me connaissez assez pour penser que ce ne sont pas des éloges que je cherche essentiellement, quoique, de la part d'un homme tel que vous, mon amour-propre y soit infiniment sensible, et que je considère une telle approbation comme la plus grande récompense à laquelle je puisse jamais prétendre, et le plus efficace encouragement qui puisse soutenir mon activité philosophique. Mais vous croyez, j'espère, en général, que ce que j'attends surtout de vous, c'est une censure raisonnée (passive ou même active), capable de me pousser au perfectionnement de l'ensemble de mes travaux, directement ou indirectement. Voilà principalement ce qui me fait attacher une importance capitale à ces précieuses consultations philosophiques, spontanées ou combinées, mais portant toujours sur les points fondamentaux, que vous daignez me donner quelquefois, et que vous seul, absolument seul au monde pouvez me fournir à un tel degré. Je n'ai jamais eu plus besoin que dans ce moment-ci de ce *criterium* si décisif.

Un travail continu de quatre-vingts heures environ, dans lequel le cerveau n'a pas cessé d'être au plus au haut degré d'excitation normale, sauf quelques intervalles de sommeil extrêmement courts, a été occasionné en moi (il y a huit jours), par le troisième article de cet examen du pouvoir spirituel que je vous apporte. Il en est résulté une véritable *crise* nerveuse bien caractérisée (qui dure encore, quoique bien affaiblie), qui m'a fait voir l'ensemble de ma vie sous un jour beaucoup plus net et beaucoup plus complet que jamais il ne m'était arrivé. Je vous en ai donné une idée vendredi, en vous disant que cette *vue* avait porté à la fois sur ma vie intellectuelle et sur ma vie sociale, combinaison à laquelle je ne m'étais jamais élevé jusqu'ici. Tous ces symptômes me portent à croire que cette sensation vraiment *d'ensemble* laissera en moi des traces profondes, et exercera sur mon avenir total une *direction* prépondérante, surtout si je parviens à me la maintenir habituelle, au degré possible, ce que je pense avoir lieu d'espérer. Je vous ai déjà dit que son premier effet intellectuel avait été de me faire concevoir dès à présent mon cours de philophie positive avec le juste degré d'importance qu'il doit avoir pour être traité dignement, et afin de remplir convenablement la grande tâche qui m'a été imposée par cela seul qu'un homme tel que vous n'a pas craint de se porter directement pour mon garant. Je dois vous parler aujourd'hui d'un effet subséquent, qui m'a conduit, en dernier résultat, à concevoir une refonte totale, et, à mon gré, vraiment *systématique* de mon ouvrage sur la *politique positive,* dont vous avez la première partie. Au lieu d'entreprendre la deuxième partie, comme je l'avais compté jusqu'ici, je me propose maintenant d'exécuter d'abord cette refonte, si vous en avez la même opinion que moi. Dans cette hypothèse, je l'exécuterai certainement lorsqu'elle aura atteint le degré de maturité convenable, aussitôt que les circonstances de ma position m'auront laissé la disponibilité matérielle rigoureusement suffisante ou que je serai parvenu, malgré ces circonstances, à me procurer artificiellement cette disponibilité.

· Vous rappelez-vous, mon cher Monsieur, m'avoir bénévolement critiqué, il y a environ deux ans, sur le titre de *système* donné à mon travail, et m'avoir dit que si cette qualification exprimait une *intention* réelle et profonde, elle n'exprimait pas *encore* un *fait*? Cet arrêt si précieusement sévère, est une nouvelle vérification de votre maxime favorite, devenue aussi la mienne, sur la nécessité des obstacles. Il a, d'abord, sans doute, par un effet

instinctif un peu choqué mon ambition philosophique ; mais cette sensation passagère n'a pas
empêché celle plus durable exercée sur la région
frontale. Cette seconde influence, qui n'a pas cessé
dès lors de se faire sentir comme avertissement
dans toutes mes méditations, d'abord très vague-
ment, ensuite de plus en plus nettement, serait au
besoin, pour tout physiologiste, une preuve sûre,
quoique indirecte, de la profonde justesse de votre
décision salutaire. Enfin pour abréger cette exposition, je me bornerai à vous dire en ce moment
quel a été le résultat final de cette série de sen-
sations, tel qu'il m'a été *révélé* par ma dernière
crise, sans vous faire passer par une succession graduelle d'états moins caractérisés, qu'il est inutile
de vous reproduire, et que, d'ailleurs, il me serait
bien difficile de retracer, même approximativement.

Je suis donc parvenu à voir aujourd'hui très
distinctement que cet ouvrage (même en le supposant complété par ma deuxième partie), ne remplis-
sait pas complètement les conditions fondamentales
d'un véritable *système* (à la manière dont vous et
moi entendons ce mot), sinon peut-être dans la
nature même de la conception qui y domine, mais,
du moins, en tous cas, dans la nature intime du
mode d'exposition qui y règne, ce qui doit certainement influer, à un degré quelconque mais
important, sur la pensée même de l'ouvrage. Voilà
pour la partie critique de ma petite résolution
intellectuelle. Quant à la partie organique, qui est
pour vous et pour moi le véritable point de la dif-

ficulté, c'est sur cela précisément que je vous demande aujourd'hui une consultation directe, afin de décider si je n'ai qu'à *exécuter*, avec toute la maturité et toute la modération possibles ou bien si je dois encore *chercher* dans la même direction jusqu'à ce que j'aie atteint l'état vraiment *systématique*.

Je vous entretiendrai dans quelque temps de mon plan de refonte, qui, quoique arrêté, n'est pas encore assez développé pour que je puisse aujourd'hui vous en parler directement. Je me borne en ce moment à vous en indiquer les éléments. Si je vous demande, en cet état des choses, une opinion que tout autre trouverait peut-être prématurée, vous sentez que c'est afin d'assurer ma marche si je suis décidément dans la voie directe de la solution, ou de me remettre le plus promptement possible, dans le cas contraire, à de plus profondes élaborations.

Dans la première série d'articles que vous avez lue (n°ˢ 7, 8 et 10 du journal), je me suis attaché à présenter l'ensemble de mes idées, sous la face scientifique, ou abstraite. Dans la série que je vous apporte, je le présente directement sous la face politique ou concrète. Je vous prie de vouloir bien lire ces trois articles (surtout le 2ᵉ et encore plus le 3ᵉ), avec toute l'attention que vous savez mettre aux choses sérieuses, en prenant pour cela le temps absolument à votre convenance. Je ne défends en aucune manière l'exposition des idées qui s'y trouvent laquelle n'est point certainement assez systématique. Vous savez que lorsque la *production* coïncide avec *l'expression*, il est fort dif-

ficile de remplir cette grande condition, à moins
que le travail n'ait préalablement atteint, dans la
conception même, l'état systématique. Mais je crois
que vous trouverez dans ces articles de véritables
idées de *gouvernement,* dont vous déplorez si justement l'extrême rareté. Vous verrez, comme véri-
rification indirecte, que je suis arrivé à me séparer
nettement et profondément sur les points capitaux
de la politique des *industrialistes* et des *économistes*
(qui sont, au fond, les mêmes), toutefois en obser-
vant dans les formes tous les ménagements convenables. Dans le quatrième article , j'examinerai
directement la nature de l'organisation spirituelle
moderne, en considérant le pouvoir spirituel :
1° en lui-même, dans son caractère propre; 2° dans
son mode d'action sur l'ensemble de la société,
nationale ou européenne ; 3° dans sa relation générale avec le pouvoir temporel. Le cinquième article
sera consacré à constater les éléments de réorganisation spirituelle qui existent aujourd'hui, et à
exposer la marche générale de cette réorganisation,
conçue comme devant précéder et préparer nécessairement la réorganisation temporelle. La conclusion de cet article et de tout le travail sera, finalement, de *ramener* le point de vue de la première
série d'articles, et de montrer la formation de ma
physique sociale comme étant, soit sous le rapport
de la *doctrine,* soit même sous celui de *l'organisation,*
un commencement direct de reconstruction. C'est
surtout ce *retour* auquel je parviens naturellement
(si bien même que c'est sans l'avoir prévu en com-

mençant le travail), qui me fait espérer que je suis
enfin arrivé à l'état vraiment *systématique,* dont il
est, ce me semble, *le symptôme* le plus formel.
Enfin, en terminant ce cinquième article, ou, ce
qui vaudrait mieux, dans un article spécial, destiné
à couronner l'œuvre, j'indiquerai directement la
combinaison, des deux points de vue dominants dans
les deux séries d'articles. Je présenterai ma conception de la *physique sociale,* [....] la loi générale que
j'ai découverte sur les trois états successifs de l'esprit humain, comme n'étant qu'une seule et même
pensée, considérée sous les deux points de vue,
distincts mais inséparables, de *méthode* et de *science;*
cela posé, je démontrerai que cette pensée unique
satisfait directement et complètement au grand
besoin social actuel, envisagé sous ses deux faces
théorique et pratique. Je ferai donc voir que ce
qui, d'un côté, tend à consolider l'avenir en réta-
blissant l'ordre et la discipline entre les intelli-
gences, tend, d'un autre côté, à régulariser le présent, autant qu'il est possible de le faire, en fournissant aux hommes d'état la base d'une pratique
rationnelle. Pour un homme aussi habitué que vous
à *enjamber* sur les détails après avoir conçu l'ensemble, je pense que vous n'avez pas besoin d'attendre l'exécution de ces deux ou trois derniers
articles pour porter un jugement décisif sur la
question que je vais vous soumettre, et que j'ai
tant d'intérêt à vous proposer le plus promptement
possible. J'arrive donc, en résultat de tous ces préliminaires, à la poser directement.

Considérez tous mes travaux précédents, depuis mon ouvrage (1) jusqu'à cette dernière série d'articles inclusivement, comme de simples *études*, de véritables *préparations* ; ils ne sont pas autre chose à mes yeux maintenant ; supposez, de plus, que ce dernier travail soit entièrement terminé ; et concevez enfin que son grand résultat philosophique pour moi, savoir la *combinaison* directe et intime de mes deux points de vue abstrait et concret, soit convenablement et suffisamment élaborée. Si après cette sorte de noviciat général, je refais la première partie de mon livre avant d'entreprendre la deuxième (dont vous vous rappelez bien l'objet) et en la faisant précéder d'un discours préliminaire où j'exposerai sommairement mon idée mère sous ses trois faces de *méthode*, de *science* et de *théorie* ; si, en outre, j'exécute ce travail (en conservant la coupe principale actuelle) bien strictement dans le même esprit qui aura présidé à sa conception, et en n'employant tout ce que j'aurai fait jusqu'alors que comme *matériaux* ; aurai-je enfin acquis véritablement le droit d'intituler cet ouvrage *Système de politique positive ?* Telle est, réduite à sa plus simple expression, la question fondamentale que je vous soumets. Elle doit exercer une puissante influence sur toute ma vie, sous les rapports les plus importants. Je n'ai pas trop de toute la vie cérébrale qu'il m'est encore permis d'espérer, pour exécuter dignement un plan ainsi conçu en y joignant l'ac-

(1) Textuel.

tivité que je dois avoir, dans un ordre d'idées plus général, pour la *philosophie positive*. Si je ne me suis pas abusé, vous pouvez compter qu'à la fin de cette année ([.......] l'ascendant non prévu des circonstances), mon premier volume aura paru (si je ne fais pas mon cours), exécuté dans cet esprit, de manière qu'ensuite je n'aie plus qu'à donner à ce *système* le second degré de développement indispensable pour qu'il puisse s'emparer complètement des esprits, ce qui m'occupera jusqu'à ce que je consacre essentiellement à la philosophie positive le reste de mon activité possible.

Il s'agit donc pour moi, mon cher Monsieur, dans cette grave occurence, d'une véritable *expérience* physiologique, dont vous seul au monde pouvez être le juge compétent. Si vous croyez, comme je l'espère, pouvoir prononcer une opinion positive, sans que l'état des choses soit plus caractérisé, j'aurai, suivant votre avertissement, ou à creuser encore pour arriver à cette couche d'idées vraiment systématique que je veux atteindre absolument, ou à commencer la construction de l'édifice sur la base granitique propre. Ces deux ordres de travaux étant essentiellement différents, vous sentez qu'il m'importe infiniment de savoir, autrement que par un instinct lent à se prononcer avec précision, auquel je dois me livrer directement. J'ai déjà, je dois vous l'avouer franchement, un commencement d'opinion à ce sujet; mais votre avis influera considérablement, vous n'en doutez pas, sur ma décision finale. Le jugement que vous porterez après un mûr examen aura, sur moi, quel qu'il soît, une action fort supérieure à celle que pourrait avoir l'avis unanime en sens contraire de toutes les académies de l'Europe réunies en concile scientifique pour décider la question ; parce que je suis pleinement convaincu que lorsqu'il s'agit de *système,* c'est à vous qu'il faut s'adresser aujourd'hui, surtout dans un genre qui a été l'objet de vos méditations directes quoique passives.

Par cette consultation, vous ajouterez, mon cher Monsieur, un nouvel et important service, à toutes les obligations analogues, qui, avec d'autres plus personnelles encore, vous ont assuré déjà la cordialité profonde, quoique respectueuse, de celui dont vous possédiez préalablement l'estime la plus complète et la mieux sentie.

Votre tout dévoué,

A^{te} COMTE.

Voilà une bien longue lettre, et pour peu de chose peut-être ; mais vous l'excuserez par l'importance que l'objet doit avoir pour moi ; et d'ailleurs, n'en veuillez pas à une lettre qui vous sauve d'une conversation.

J'ai écrit à M. de Humboldt dans le sens que vous m'aviez si judicieusement indiqué, je viens d'en recevoir une réponse flatteuse, affectueuse même, qui m'assigne un rendez-vous pour ce soir.

A moins d'un motif réel et imprévu, j'attendrai pour avoir le plaisir de vous voir que vous m'ayez averti si votre opinion est formée, ou si vous croyez devoir ajourner le jugement.

II

Monsieur DE BLAINVILLE, Membre de l'Académie des sciences, n° 5, rue Jacob. F. S. G.

Ce vendredi soir 31 mars (1).

Mon cher Monsieur de Blainville,

J'ai appris avec le plus grand plaisir ce matin votre arrivée qui me permet de jouir du bénéfice de votre présence, comme encouragement et surtout comme stimulant, pour l'ouverture de mon cours (après-demain dimanche à midi). Je tâcherai de me rendre digne de la responsabilité que vous n'avez pas hésité à engager pour moi. Je crains beaucoup de n'être pas suffisamment préparé, car j'ai éprouvé et j'éprouve encore de violents dérangements ; mais je suis sûr de l'être convenablement, et le symptôme le plus clair que je puisse vous en indiquer c'est que, d'une part, j'ai fortement médité, et d'une autre part, je n'ai pas écrit une ligne. Dans une occasion aussi décisive pour moi à tant d'égards, j'aurais eu besoin de concentrer toutes mes forces ; mais les mêmes causes qui m'en ont empêché les ont, d'un autre côté, exaltées ; vous jugerez s'il y a eu compensation.

(1) Les dates incomplètement énoncées par A. Comte ont été rétablies dans leur intégralité et figurent à la table des matières.

Adieu : laissez-moi le plaisir de vous répéter à cette occasion que si jamais j'arrive à un développement remarquable les hommes qui m'auront pressenti dans l'état de *fœtus* pourront compter sur mon éternelle reconnaissance, surtout lorsque, comme vous, ne se bornant pas à un jugement, la loyauté la plus aimable les a portés à le proclamer avec une hardiesse caractéristique.

Votre tout dévoué,
A^{te} COMTE.

Le cours aura lieu chez moi :

N° 13, rue du Faubourg-Montmartre.

Si je vous avais trouvé ce matin, j'avais mille choses intéressantes à vous dire que je réserverai pour une autre fois, à condition que vous me préviendrez franchement si vous en avez le temps.

Ma conférence avec M. de La Mennais a eu lieu il y a environ un mois : j'en ai été très satisfait, et lui aussi, à ce qu'il m'a paru ; vous en jugerez. J'ai lieu d'espérer qu'il viendra dimanche, à moins que son procès ne le dérange.

J'ai été parfaitement content de Humboldt que vous aviez exactement *jugé sous tous les rapports*. Il vient de m'écrire que je pouvais compter sûrement sur lui pour l'ouverture.

Peut-être aussi aurai-je Poinsot ; mais je l'espère et le désire moins. Je l'ai prié d'engager de ma part Fourier, qui serait pour moi d'un tout autre prix ; mais son reste de mœurs préfectorales l'en empêchera probablement.

III

Pensant que vous serez peut-être dans le cas de voir aujourd'hui des personnes pour mon cours, je me hâte de vous rappeler que vous pouvez m'amener qui vous voudrez, et même me les envoyer, si je devais être privé de la satisfaction de vous avoir, ce que je crains malheureusement pour quelques fois au moins.

Je présume que M. Ampère, par exemple, s'arrangerait assez bien de ce cours, et surtout de la partie mathématique qui commencera dimanche : c'est une forte tête ; voyez, mon cher Monsieur de Blainville, si vous jugez à propos de lui en parler.

Votre tout dévoué,

Aᵗᵉ COMTE.

Ce lundi matin 3, 8 h.

IV

Je me suis présenté chez M. de Blainville pour le prier de vouloir bien passer après son dîner chez M. de Saint-Simon qui est très malade, et qui désire vivement le voir. Pour ne rien céler, notre malheureux ami a tenté de se détruire, mais heureusement il n'y est point parvenu, et il y a tout espoir que nous le conserverons. La présence de M. de Blainville lui sera un grand sujet de soulagement.

COMTE.

Mardi soir, 11.

V

Cette lettre a été écrite pendant la crise cérébrale de 1826. (Voir la notice du Dr Robinet.) Nous pensons pouvoir en donner un *fac-simile* dans le volume suivant. (Note des éditeurs.)

Saint-Denis, hôtel du Grand-Cerf, ce samedi 15 avril 1826 — 12 h. du matin (*ces mots rayés et remplacés par :* midi et demi).

Mon cher Monsieur de Blainville,

Voici l'*effet*.

Hier matin (de 10^h à 11^h) j'ai *cru* mourir ; et, *de fait,* il a tenu à rien ? que je ne devinsse subitement bien pis qu'un mort.

Je me suis *traité* moi-même, vu que j'étais absolument *isolé ;* c'est à cette heureuse et inflexible *nécessité* que j'attribue ma *guérison*.

Quant à la CAUSE, je n'avais pas le temps de vous la *dire*. Si vous ne la *devinez* pas, et que *vous* teniez à la savoir de suite, M^r de La Mennais, mon confesseur et mon ami, *vous* la fera connaître, aussitôt que vous lui en aurez manifesté le désir, quoique je ne l'en aie pas prévenu.

Vous saurez, si vous voulez quelque détail immédiat, que je *serai* demain dimanche à Montmorency (*au Cheval blanc*), et probablement aussi lundi et même mardi. En tous cas, je *vous* donne la trace.

(*En marge, se trouvent en face de cet alinéa les mots :* toute la journée, car je pense y coucher ce soir. — *Ces mots se rapportent à :* dimanche.)

Aujourd'hui je viens de faire mon *plan* de convalescence. Demain, ou ce soir (ou même à présent) l'exécution commence. Mercredi à trois heures vous *jugerez* ma capacité médicale, si vous avez le temps *d'assister* à la *démonstration,* (en marge :) que je ferai chez moi.

Adieu, mon cher Mr de Blainville. A Montmorency ou ailleurs, demain ou tous les jours, croyez-moi bien sincèrement votre affectueux et tout dévoué,

A^te COMTE.

P.-S. — M'étant trouvé OBLIGÉ ici d'*être* et même de *paraître* un VÉRITABLE *médecin malgré lui,* cela m'a fait naître ce matin une *lubie* fort *originale,* que je ne puis m'empêcher de vous laisser *voir,* au risque de vous entendre d'ici *rire* comme un dieu d'Homère.

A^te C.

Mon *sobriquet* à l'École polytechnique était *Sganarelle.* Mes camarades auraient-ils été alors *prophètes* comme j'étais hier *médecin ?* (En marge :) *Historique,* dit Mme de Genlis.

Si ma *lubie* vous fait simplement *sourire (après votre dîner),* vous fixeriez *arbitrairement* l'époque et le mode de la *cérémonie.* Je ne *l'espérais* pas avant deux ans, et je ne la désire pas avant la prochaine rentrée. J'ai un petit voyage à faire cet été chez mon père et j'en profiterais pour voir MA MÈRE qui demeure aussi dans le *même* endroit.

Prenez toujours ceci comme un symptôme, et me *l'administrez* comme *calmant*. En ce sens, il n'y a pas de *rêve*. Merci.

VI

Monsieur HENRI DE BLAINVILLE, membre de l'Académie des sciences, chez Madame veuve Blanquet, Grande rue, à Dieppe, département de la Seine-Inférieure.

Paris, le dimanche matin 11 septembre 1831.

Mon cher ami,

Conformément à votre aimable recommandation, je m'empresse de vous prévenir que je pars demain soir à 7 heures pour Rouen, et que par conséquent je serai sans doute à Dieppe après-demain mardi 13 dans la soirée, ne comptant m'arrêter à Rouen qu'à mon retour. Je me suis décidé, nonobstant les diverses considérations à une absence d'une dizaine de jours en Normandie, afin de me procurer pendant ces vacances un certain degré de véritable distraction dont j'ai, comme vous savez, grand besoin depuis longtemps, avant de me remettre au manège ; quoi-qu'il soit maintenant trop tard pour prendre les bains de mer, je pense que ce léger voyage ne manquera pas de m'être salutaire. Aussitôt arrivé à Dieppe, je me rendrai à l'endroit où je vous adresse cette lettre, afin d'indiquer l'hôtel où je me serai logé. J'espère que je vous trouverai en bonne santé.

Tout à vous,

A^te COMTE.

Je suis allé hier chez vous pour savoir si Victoire n'avait rien à vous envoyer. Elle ne m'a pas donné d'autre commission que de vous communiquer les instances de votre propriétaire pour vider immédiatement la partie de l'appartement que vous abandonnez afin qu'il y puisse mettre les maçons sur-le-champ.

VII

Dieppe, le jeudi 15 septembre 1831, midi.

Je crois que la lettre que je vous ai écrite de Paris dimanche pour vous informer de mon départ pour Dieppe ne vous est pas encore parvenue. Mais je viens de voir votre neveu, qui se charge de vous faire passer sûrement et immédiatement celle-ci, par laquelle je m'empresse de vous prévenir que je suis arrivé hier soir à Dieppe (hôtel Delarue), chargé d'un petit paquet pour vous que m'a remis Victoire, et surtout impatient d'avoir le plaisir de vous voir, si vous êtes dans le voisinage, ce dont Victoire ne me paraissait pas très assurée, et ce qu'Adolphe lui-même n'a pu me garantir positivement. Adieu.

Tout à vous,

A^te COMTE.

VIII

Monsieur **DE BLAINVILLE,** *membre de l'Académie des sciences, n° 5, rue Jacob.*

Je suis venu ce matin, mon cher ami, pour avoir le plaisir de causer avec vous. Regrettant de ne vous avoir pas rencontré, je vous laisse ce billet pour expliquer sommairement ce que j'avais d'urgent à vous dire.

D'après ce que j'ai appris, et ce que vous-même m'avez dit avant-hier, il paraîtrait que le choix de l'Académie des sciences pour son secrétaire perpétuel finirait *peut-être* par se porter sur un savant étranger à l'Académie, et que même il serait alors question de la part de certains membres de chercher à faire nommer M. Savary, mon ancien camarade à l'École polytechnique. Ayant eu peine à croire que l'Académie pût réellement en venir à choisir hors de son sein, je n'ai pas autrement insisté sur l'ouverture entièrement confidentielle que je vous fis il y a une quinzaine de jours. Aussi peu connu que je le suis, je ne voudrais point tenter la fausse démarche de me mettre officiellement ou bénévolement sur les rangs tant que je verrai l'Académie disposée à se restreindre parmi ce qu'on appelle, à tort ou à raison, des *notabilités* scientifiques spéciales. Mais, d'un autre côté, ce serait certainement de ma part pousser la modestie jusqu'à l'extrême de la niaiserie que de ne point oser me présenter ouvertement s'il vient à être sérieusement question du jeune Savary ou de tout autre choix semblable. J'attends donc de votre amitié si éprouvée que vous voudrez bien, en cette circonstance, mettre à profit pour moi les avantages de votre position en faisant, *en temps opportun,* une demande expresse en mon nom, si vous voyez que les déclarations de l'Académie prennent une telle tournure. S'il arrivait en ce cas que le temps me permît de faire, par une lettre à l'Académie, acte formel de candidature, je m'y déciderais d'après votre avis, et je compterais sur votre autorité pour faire valoir mes titres.

Tout cela est sans doute fort éventuel; mais vous conviendrez que dans une position aussi précaire, et je dois le dire, aussi pénible que la mienne, je ne dois rien négliger de ce qui pourrait me faire espérer honorablement une issue vers une situation convenable, qui me permît de travailler sans la pensée et sans l'assujetissement du pain quotidien : à trente-quatre ans et n'ayant jamais à attendre un sou de patrimoine, il est certes temps d'y songer, même pour un esprit aussi exclusivement contemplatif que le mien. Vous devez sentir d'ailleurs que, quelque éloigné que je sois d'attacher le moindre prix à des succès d'intrigue, il doit être cruellement triste pour moi de voir parvenir à de brillantes positions scientifiques une foule de mes camarades, généralement regardés (et même par eux) comme mes inférieurs, et d'être pour ainsi dire condamné à la stérile condition d'une sorte d'ouvrier scientifique soldé par les entrepreneurs d'enseignement, et ayant pour perspective plus ou moins éloignée, comme tout autre ouvrier, l'hôpital. Je vous parle en pleine confiance : vous savez combien peu je suis disposé à me faire mousser, mais je ne puis en conscience consentir, même par mon silence, à me laisser classer comme l'inférieur scientifique de M. Savary, de M. Lamé, ou de tant d'autres grands hommes qui parviennent plus ou moins à se pousser dans le monde savant. Adieu.

Votre tout dévoué,

A^{te} COMTE.

Ce jeudi matin 21 juin 1832.

IX

Je regrette beaucoup, mon cher ami, de n'avoir pas le temps d'aller vous voir un moment. Quant à l'élection de demain, il m'a été impossible encore de me procurer le volume in-4° de M. Libri dont vous m'avez parlé. Mais j'ai lu hier son principal mémoire d'analyse pure, et ensuite un mémoire de Duhamel. Le travail de M. Libri ne m'a offert rien de saillant sous le rapport analytique, et, outre qu'il m'a présenté un caractère très sensible de charlatanisme mathématique (surtout au sujet de la théorie des nombres), j'y ai constaté positivement la direction vicieuse que je n'avais fait qu'entrevoir d'après la conversation de M. Poinsot, une opposition directe avec le véritable esprit de la philosophie mathématique. Je suis fâché de n'avoir pu parcourir ces autres mémoires. Mais, en somme, je crois que vous pouvez, même toute nationalité à part, voter en conscience pour Duhamel dont la direction mathématique est certainement fort saine, et qui, de tous ceux qui se sont mis à la suite de M. Fourier, est, de l'aveu même de notre illustre ami, le seul qui ait ajouté à sa grande théorie quelque perfectionnement réel quoique secondaire, y compris même les travaux de Poisson à ce sujet, dont Duhamel a surpassé, ce qui d'ailleurs n'était pas difficile, le degré de généralité. Je vous ai d'ailleurs parlé de l'utile examen auquel il avait soumis, en mécanique rationnelle, le principe de Daniel Bernouilli ainsi que le théorème de Carnot. En un mot, plus j'examine cette question, et plus ce candidat, toute liaison à part, me paraît supérieur incontestablement aux autres, ce qui ne veut d'ailleurs pas dire beaucoup.

Adieu.

Tout à vous,

Auguste Comte.

Ce dimanche matin 17 mars 1833.

Mes affaires intérieures sont toujours dans le même triste état. Votre bonne visite était le dernier effort dans lequel je misse quelque confiance ; il a été malheureusement sans le moindre succès. Je dois éviter désormais toute nouvelle tentative qui n'aboutirait qu'à augmenter inutilement l'irritation.

Il faut, je le vois bien, que cette fatale situation ait son cours, au moins pendant quelque temps ; et je suis même conduit à désirer qu'elle s'établisse le plus tôt possible, pour avoir, du moins à défaut d'autre chose, tous les deux la triste tranquillité de l'isolement.

A après-demain en Sorbonne.

X

17 janvier 1835.

Mon cher ami,

Je suis trop occupé pour aller vous voir immédiatement. Je me borne donc à vous prier sommairement de vouloir bien recommander après-demain lundi, en temps opportun, la lettre que je viens d'écrire à l'Académie des sciences, pour qu'elle y soit lue en entier et textuellement. Cette lettre, écrite après trois mois et demi de délais fort préjudiciables pour moi comme vous le savez, est ferme, mais convenable, et du reste elle n'est pas longue. Si cette recommandation spéciale n'était pas faite dans les règles académiques, j'ai plusieurs motifs de penser que l'honorable secrétaire Arago soufflerait peut-être ma réclamation, quoiqu'il fût bien singulier que je n'eusse pas au moins le droit de me plaindre, à mes risques et périls. Vous conviendrez, mon cher ami, que quelque sages que soient évidemment vos conseils de travailler pour l'Académie, un tel accueil doit peu m'encourager à les suivre. Quoi qu'il en soit, cette réclamation ayant, à mes yeux, une grande importance, je compte sur votre bienveillance habituelle pour m'en garantir la lecture, sans préjudice des observations que vous jugerez ensuite convenable de m'adresser sur sa rédaction. Adieu : ma femme est fort souffrante d'une toux opiniâtre.

Votre respectueux et dévoué,

A^{te} COMTE.

(9, rue de Vaugirard).

Samedi, 17 janvier 1835.

XI

Mon cher ami,

Je vous adresse M. des Trois-Monts, pour lequel vous avez bien voulu dernièrement accueillir ma recommandation. C'est le jeune Normand dont je vous ai parlé, comme étant, de beaucoup, le plus remarquable de tous les élèves que j'ai eus jusqu'ici, depuis plus de dix-neuf ans que je suis en rapport avec les jeunes gens. Pour peu que vous le fassiez causer, j'espère que vous trouverez bientôt qu'il se recommande suffisamment par lui-même. Du reste, je vous renouvelle, à son égard, les deux demandes : 1° d'une place, dans l'enceinte réservée, à votre cours d'anatomie comparée, afin qu'il puisse mieux vous suivre ; 2° surtout, de sa libre admission dans votre laboratoire.

Je regrette bien de n'avoir pas su qui sonnait, lorsque vous avez bien voulu venir nous voir samedi soir. Le fait est que ma femme était sortie, et que je venais de me coucher, fatigué d'une complication de gastrite commençante et d'enrouement très prononcé, dont je ne suis pas encore tout à fait débarrassé, n'ayant pas voulu suspendre mes leçons. Mais si j'eusse pensé que ce pouvait être votre visite, il n'y eût pas eu d'indisposition qui pût m'empêcher d'ouvrir. J'espère aller vous voir bientôt. Adieu.

> Votre respectueux ami,
>
> Aᵗᵉ COMTE.

Ce jeudi 29 octobre 1835.

XII

(Pressée).

Monsieur DE BLAINVILLE, membre de l'Institut, à Arques, arrondissement de Dieppe, département de la Seine-Inférieure.

> Paris, le samedi matin 24 septembre 1836.

Mon cher ami,

Je vous aurais écrit plus tôt si je n'avais compté que vous seriez ici le 20, comme vous me l'aviez annoncé en partant. Mais votre absence se prolongeant, sans qu'aucun avis formel en ait indiqué le terme, je me vois forcé de vous écrire, dans une occasion presque décisive pour mon avenir, et où votre prochain retour pourrait exercer sur mon sort une utile influence.

Vous avez certainement appris, malgré votre solitude, la mort imprévue du malheureux Navier, il y a un mois. Je n'ai point à vous exprimer le profond chagrin que j'en ai ressenti, et le pénible retour sur moi-même que m'a fait faire la perte de l'ami, sinon le mieux disposé, du moins le plus zélé, que j'eusse parmi les savants actuels. En ce moment, je me bornerai à vous parler de la chaire de mathématiques transcendantes qui vaque ainsi à l'École polytechnique et dont je suis le répétiteur.

Persuadé d'abord que M. Coriolis, mon collègue, serait nommé à cette place en vertu de ses droits anciennement acquis, je n'avais regardé ma candidature actuelle que comme un moyen de prendre date, dans le seul intérêt de mon avenir. Mais, M. Coriolis ayant définitivement, par motifs de santé, renoncé à la chaire, ma candidature a dû dès lors devenir vraiment sérieuse, n'ayant plus d'autres concurrents que MM, Duhamel et Liouville, devant lesquels il serait ridicule de me désister de fonctions auxquelles je suis, j'ose le dire, éminemment propre, et que j'exerce, en réalité, journellement depuis vingt ans. J'ai donc fait, à cette fin, et en dépit de mon naturel, toutes les démarches raisonnables, pour la double présentation par l'Académie et par le conseil de l'École, dont aucune n'a encore eu lieu.

Lundi dernier, j'ai écrit sur ce sujet à l'Académie une lettre raisonnée, qui, quoique un peu longue, y a été lue intégralement d'après la recommandation spéciale de M. Dulong, auquel j'en avais donné connaissance préalable : écoutée avec attention et intérêt, elle paraît produire un bon effet pour ma candidature. Son objet est de faire ressortir l'empirisme de la marche suivie ordinairement à cet égard par l'Académie, qui, selon une habitude invétérée, transporte irrationnellement aux élections de professeurs un mode seulement couvenable à celles d'académiciens, en considérant indistinctement comme titres prépondérants en tous les cas les seuls mémoires proprement dits sur des points spéciaux de doctrine.

J'ai établi que mes travaux sur la philosophie des sciences, loin d'être ici étrangers, constituent, au contraire, par leur nature, des titres éminemment didactiques, bien plus propres à garantir et à mesurer l'aptitude à l'enseignement supérieur, soit que cette question se juge par raisonnement ou par expérience. Enfin, j'ai cherché à faire comprendre aux membres non géomètres que leur participation à de tels votes est surtout destinée à neutraliser les préjugés professionnels des mathématiciens, dont ils se constitueraient autrement de simples instruments passifs. Vous verrez, j'espère, cette lettre, dont j'ai gardé copie ; il me suffit maintenant de vous informer que cette hardie innovation a été fort bien accueillie, et qu'elle contribuera peut-être à rationaliser enfin la routine aveuglément suivie jusqu'ici en de tels cas. Mais j'ai besoin d'être aidé de tous mes amis dans cette difficile circonstance, malgré les voix sur lesquelles je puis déjà compter à l'École et même à l'Académie.

Présenté par l'un seulement des deux corps, je serais certainement nommé, vu ma très ancienne liaison d'amitié avec le nouveau Ministre de la guerre ; c'est ce qui doit me faire redoubler d'efforts. Si je suis aujourd'hui encore éclipsé par les gens à *mémoires,* il n'y a pas de raison pour que cela n'arrive ensuite indéfiniment ; car il s'en trouvera toujours de pareils, surtout avec une semblable partialité d'encouragements. La section ne fera son rapport à l'Académie que d'après-demain lundi en huit, c'est-à-dire le 3 octobre. Je vous conjure donc, sans détour, d'être ici pour cette séance, afin que, non seulement votre vote et votre influence, mais surtout votre vigoureuse logique secondent les efforts de MM. Poinsot et Lacroix en ma faveur, et quand même vous devriez ainsi avancer un peu votre retour. Tel est l'éminent service qu'attend de vous aujourd'hui

Votre respectueux ami,

A^{te} COMTE.

(9, rue de Vaugirard.)

XIII

Monsieur DE BLAINVILLE, Professeur d'anatomie
comparée au Muséum d'histoire naturelle,
23, rue de Seine-St-Victor, au Jardin des plantes.

Vous m'excuserez, j'espère, mon cher ami, si, surchargé comme je le suis en ce moment, où je redouble d'efforts pour hâter la fin prochaine de ma corvée de Paris, il m'est impossible d'aller vous prier de vive voix de nous faire l'honorable plaisir de venir dîner avec nous dimanche prochain 19 août; je dois partir pour Metz le jeudi suivant. Je me flatte que, en m'y prenant d'aussi loin, je ne vous trouverai point déjà engagé ailleurs. Je regretterais bien vivement, et ma femme aussi, de recevoir une réponse négative. Adieu.

Votre tout dévoué,

A^{te} COMTE.

Lundi soir 13 août 1838.

XIV

J'espère, mon cher ami, que ce billet vous trouvera encore disponible pour venir dîner avec nous dimanche prochain 25 novembre à 6 heures. A moins d'un avertissement contraire, dont nous serions bien fâchés, ma femme comptera sur vous. Adieu.

Votre dévoué,

A^te COMTE.

Jeudi matin 22 novembre 1838.

XV

Je regrette, mon cher ami, d'être trop continuellement absorbé par mon quatrième volume, que j'écris et imprime à la fois, pour vous aller voir ces jours-ci. Craignant de ne le pouvoir même avant lundi, je me décide à vous écrire un mot pour appuyer sommairement, mais de tout mon pouvoir, la candidature de M. Liouville. Vous savez que, quand il fut question, en 1836, de sa concurrence avec M. Duhamel pour la chaire de l'École polytechnique, je n'hésitai point à regarder celui-ci comme méritant votre préférence ; ce qui prouve clairement qu'il n'y a aucun engouement de ma part. Mais M. Liouville est, à mes yeux, un géomètre d'un mérite incontestable, qu'il importe d'agréger, le plus immédiatement possible, à l'Académie : il a, très jeune, donné des signes irrécusables d'une vraie vocation mathématique, constatée depuis par de nombreux travaux, dont plusieurs se rapportent spécialement à la mécanique céleste. Son compétiteur actuel (M. de Pontécoulant) n'est au contraire qu'une médiocrité lettrée, simple produit d'un travail assidu, mais stérile, qui n'a engendré qu'un mauvais commentaire de Laplace, où l'original, au lieu des améliorations radicales dont il avait grand besoin, a été essentiellement gâté. En un mot, il me semblerait ridicule d'établir la moindre comparaison sérieuse entre ces deux concurrents. Je sais que vous appréciez assez la puérilité de vos départements académiques en section de six membres pour n'être pas arrêté par ce qu'on appelle : le défaut de spécialité de M. Liouville, qui serait, dit-on, mieux casé dans la section de géométrie. Outre que cette spécialité illusoire sert souvent de passeport à de misérables médiocrités, et que je vous sache disposé à considérer par-dessus tout, l'incontestable valeur réelle de M. Liouville, dans quelque tiroir qu'on l'enferme, il est évident que ce prétexte serait tout au plus admissible s'il y avait en concurrence un astronome, géométrique ou dynamique, observateur ou calculateur, vraiment spécial et vraiment capable. Or, c'est ce qui n'existe ici en aucune manière ; M. de Pontécoulant étant, en réalité, beaucoup moins *astronome* que M. Liouville, dont les travaux, en ce genre, sont certainement très supérieurs à ceux de son compétiteur. Si, en outre, il a fait d'autres travaux, même plus importants, et que son rival se soit borné là, ce serait certes une étrange récompense que de ne le point nommer dès aujourd'hui pour ce seul titre.

Voilà, mon cher ami, ce que j'aurais voulu vous dire, avec un peu plus de détails, dont vous n'avez pas besoin. Je viens d'apprendre que mon jugement est ici parfaitement conforme à celui de M. Poinsot, dont vous connaissez la rectitude et l'indépendance ; et qu'il est aussi directement contraire à celui de M. Poisson et de M. Libri, dont vous connaissez l'esprit sophistique et le déloyal caractère : double motif, ce me semble, d'une recommandation décisive. Je me borne donc à vous assurer que je vous serais fort reconnaissant de la confiance que vous voudriez bien m'accorder en cette circonstance, soit par votre vote, soit par celui des membres qui se guideraient sur vous.

Adieu.

Votre respectueux ami,

A^{te} COMTE.

Mercredi soir 29 mai 1839.

XVI

Mon cher ami,

Craignant de ne pas vous trouver aujourd'hui à cette heure-ci, ma seule disponible pourtant à cause des examens, je prépare, en tous cas, ce billet pour vous prévenir que je remettrai demain matin lundi 27, au secrétariat de l'Institut, ma lettre de candidature que je vous ai lue, afin qu'elle soit lue dans cette séance à l'Académie, qui, d'après le compte rendu, est déjà officiellement nantie de cette affaire : je compte donc sur votre bonne amitié pour y réclamer la lecture immédiate, publique, textuelle, et intégrale, comme la justice l'exige envers moi, dans une situation surtout aussi défavorable à mon égard sous tout autre aspect. J'ai communiqué la lettre à M. Poinsot, qui, dans sa réponse, me marque, comme de raison, que, en tant qu'y étant nommé, il n'en peut directement, selon les convenances, demander lui-même la lecture, mais qu'il appuiera fortement le membre qui la demandera, et rendra d'ailleurs hautement bon témoignage à mon égard. Ainsi, dans la séance de demain, cette démarche capitale, la seule que je tente auprès de l'Académie, se trouvera, j'espère, grâce à vous, convenablement consommée.

Adieu.

Votre respectueux ami,

A^{te} COMTE.

Dimanche soir 26 juillet 1840.

XVII

Mon cher ami,

Je suis venu vous voir hier (à 7^h), seul moment que mes examens m'eussent laissé disponible. Ayant prévu que je pourrais fort bien ne pas vous trouver alors, j'avais préparé un billet ; mais il ne m'a pas été possible de le laisser chez vous, où je n'ai trouvé personne que Fido qui a beaucoup hurlé en m'entendant frapper. J'ai donc été obligé de laisser mon billet chez le concierge général de la porte de la rue de Seine, avec recommandation formelle de le remettre le plus promptement possible. Toutefois, comme ce fonctionnaire m'a paru fort préoccupé d'un grand dîner qu'il donnait alors, je crains qu'il n'ait pu être fort exact ; et c'est pourquoi avant d'aller à l'hôtel de ville pour toute la journée, je vous envoie ce matin la répétition, à tout événement, de ce billet d'hier soir. Il était destiné à vous annoncer que je vais aujourd'hui, pendant la suspension ordinaire de ma séance d'examen (vers midi), apporter au secrétariat ma lettre de candidature que je vous ai lue, afin qu'elle soit, dans cette séance, communiquée à l'Académie, maintenant nantie officiellement de cette affaire. Je compte donc sur la promesse de votre bonne amitié pour réclamer ce soir la lecture publique, textuelle et intégrale de cette lettre si importante pour moi, qui constitue ma seule démarche envers l'Académie dans cette grave occurence, et qui avorterait si elle était renvoyée à la commission ou au comité secret. Mon billet vous informait, en outre, que l'ayant envoyée à M. Poinsot, il m'avait marqué, en me la renvoyant, que, quoique la convenance l'empêchât de demander directement la lecture d'une lettre où il est formellement nommé, il appuierait fortement le membre qui la réclamerait et confirmerait d'ailleurs de tout son témoignage celui de Dulong en ma faveur. J'espère donc, grâce à vous et à lui, que cette démarche sera consommée ce soir de manière à n'être pas dépourvue d'efficacité, autant qu'on peut l'espérer d'engagements antérieurs à toute discussion. Adieu.

Votre respectueux ami,

A^te COMTE.

Lundi matin 27 juillet 1840 (8 h.).

XVIII

M. Coriolis vient de me mander à l'instant, mon cher ami, qu'il n'y a pas eu de conseil à l'École vendredi dernier, et qu'il n'y en aura pas même demain, vu l'absence de plusieurs membres : Quant à moi, je crois plutôt que c'est parce qu'on ne se tient pas encore assez assuré de la majorité contre moi, et qu'on désire la travailler davantage. Quoi qu'il en soit, je m'empresse de vous en informer au moment d'aller à l'hôtel de ville pour toute la journée comme de coutume. Ainsi le délai de lundi dernier n'a point eu heureusement le danger que nous avions dû craindre naturellement, et je m'en félicite autant pour vous au moins que pour moi. Nous serons donc tout à fait en mesure (puisque ma lettre à l'Académie précédera ainsi non seulement le vote à l'École mais même la discussion), si, comme j'y compte fermement, cette lettre y est lue, sur votre demande, lundi prochain 3 août, malgré les craintes méticuleuses de M. Poinsot, et les alarmes réelles ou affectées de M. Arago, sur l'effet de cette terrible épître. Il me semble que, à quarante-deux ans passés, il serait temps que mes amis me laissassent la direction de mes propres affaires, en se bornant à m'assister, en cas opportun, dans l'exécution ; ceux-là même qui, m'ayant connu fort jeune, doivent naturellement être le plus disposés à sentir et à agir pour moi, devraient enfin comprendre que je n'ai plus vingt-cinq ans. Adieu.

Votre respectueux ami,

Aᵗᵉ COMTE.

Jeudi matin 30 juillet 1840.

XIX

Je vous envoie, mon cher ami, une dizaine d'exemplaires de ma lettre, dont l'impression a un peu traîné. N'ayant pas le temps de venir vous voir aujourd'hui, je me borne à vous annoncer sommairement, jusqu'à plus ample information prochaine, que, dès avant-hier matin mardi, on est venu, a ce propos, mettre généreusement le *Journal des Débats* à ma disposition : vous concevez aisément que, tout en manifestant la gratitude que devait m'inspirer cet acte spontané d'indépendance et de justice de la presse périodique, je n'ai dû en profiter que dans la mesure convenable à ma position ; c'est-à-dire, en les priant de contribuer à la publicité de ma lettre, en l'accompagnant des réflexions qu'ils jugeront opportunes, et auxquelles je dois rester entièrement étranger. Adieu.

Votre respectueux ami,

A^te COMTE.

Jeudi matin 6 août 1840.

XX

Mon cher ami,

Ma femme ayant la curiosité d'assister aux gambades que doit faire Arago sur ce pauvre Condorcet, je vous prie, s'il est encore temps, de lui envoyer des billets pour la séance d'apparat que doit tenir, aujourd'hui ou demain, je ne sais, votre Académie.

Sachant que vous n'avez pas de leçon aujourd'hui, j'aurais saisi cette occasion de venir vous voir ce matin, si je n'étais maintenant fort occupé à continuer mon sixième volume. Adieu.

Tout à vous,

A^te COMTE.

Lundi matin 27 décembre 1841.

XXI

Mon cher ami,

Sachant que, vu la terminaison de votre cours, vous n'avez plus l'occasion d'être journellement informé de ma situation par M. Lenoir, je m'empresse de vous annoncer directement l'heureuse issue finale de mon procès contre Bachelier. Le Tribunal de commerce a prononcé, hier jeudi 29 :

1° Comme je le demandais, la suppression de l'ignoble carton sur tous les exemplaires non vendus, en ajoutant même spontanément que cette suppression serait opérée dans la huitaine, sous peine de 50 francs de dommages-intérêts par chaque jour de retard ;

2° La résiliation de mon traité avec Bachelier, en ce qui concerne les éditions ultérieures de mon ouvrage ;

3° La condamnation de Bachelier à tous les dépens. Comme ce dernier article constitue la formule usitée pour témoigner légalement l'improbation du Tribunal, l'agréé de Bachelier a demandé que les dépens fussent également partagés, entre lui et moi, mais le président lui a répondu sèchement : *le Tribunal maintient son jugement.*

Tous les considérants me sont d'ailleurs très favorables, même celui qui concerne la seule de mes demandes qui n'ait pas eu de suite, celle des dommages-intérêts qui ne m'ont servi, dans toute cette affaire, qu'à forcer à une décision légale, en repoussant d'avance toute conciliation. Les phrases du carton sont qualifiées par le Tribunal *d'inconvenantes et injurieuses.*

Bachelier a trois mois pour appeler ; mais il ne paraît en n'avoir nullement l'intention. Au reste, il n'y gagnerait rien ; car la Cour royale lui serait probablement encore plus défavorable. Adieu.

Votre respectueux ami,

A^te COMTE.

Vendredi 30 décembre 1842.

XXII

Mon cher ami,

Au sujet du fauteuil académique laissé vacant par notre malheureux convive M. Puissant, je crois devoir déjà vous demander directement votre vote, et même votre appui, pour le candidat que je juge le plus méritant, mon ancien camarade et ami M. Lamé, professeur de physique à l'École polytechnique. Quoique son principal concurrent (M. Buret) m'inspire une véritable estime, soit morale, soit aussi intellectuelle, je n'hésite pas à lui préférer hautement M. Lamé, et quant aux titres scientifiques et quant à la valeur intrinsèque. M. Lamé a fait, sous la direction de Fourier, d'intéressants travaux analytiques, et sans tenter, comme tant d'autres, d'écarter le souvenir de notre grand ami, M. Jacobi, dont vous connaissez la haute portée mathématique, en fait, à cette occasion, beaucoup de cas. Je sais d'ailleurs pertinemment que, parmi nos géomètres actuels, M. Lamé est celui dont l'esprit peut le plus s'ouvrir à de vraies inspirations philosophiques, et sentir la valeur scientifique ou logique, des études relatives aux plus éminentes parties de la philosophie naturelle : ce genre de mérite devient trop rare aujourd'hui pour n'être pas pris en sérieuse considération. En un mot, M. Lamé me semble, à tous égards, supérieur à son estimable concurrent, dont les travaux mathématiques se réduisent vraiment à quelques développements secondaires de calcul intégral.

Je ne dois pas vous dissimuler d'ailleurs que je suis doublement intéressé à l'élection de M. Lamé. D'abord je dois la désirer par une sorte de reconnaissance, puisque lui seul, depuis plusieurs années, a été mon actif défenseur dans le conseil polytechnique. En second lieu, je gagnerais beaucoup à son succès actuel, soit par le nouveau zèle que lui inspirerait pour moi la conviction que je n'y aurais pas été étranger, soit par la nouvelle efficacité que l'auréole académique imprimerait à ses efforts en ma faveur. Comme son amicale sollicitude constitue, avec la probité de M. Coriolis, ma principale espérance d'appui direct, contre la tempête qu'on me ménage, vous sentez combien je dois spécialement désirer son avènement. Mais vous me connaissez trop pour craindre que ces divers motifs, quelque naturels et légitimes qu'ils puissent être, soient susceptibles de me déterminer à vous conseiller son succès, si je ne le regardais pas, en conscience, comme vraiment supérieur à son concurrent : vous vous souvenez, par exemple, que je vous sollicitai, il y a quatre ans, pour M. Liouville, quoique je n'eusse certes, même alors, aucunement à me louer de lui, sans avoir jamais eu à me plaindre de son compétiteur. Je puis donc, malgré cette honorable connexité d'intérêts, vous demander dignement votre préférence en faveur de M. Lamé, dans une occasion aussi importante à son égard.

Votre respectueux ami,

A^te Comte.

Vendredi 27 janvier 1843.

M. Lenoir m'a extraordinairement convoqué pour après-demain dimanche, à l'occasion de l'*ours*.

XXIII

Mon cher ami,

Tenant beaucoup à ce que ma femme, dont la santé paraît maintenant exiger de grands ménagements, ignore, autant que possible, les inquiétudes actuelles relatives à ma réélection, et qui vont sans doute être prochainement dissipées, je vous prie spécialement, en attendant que j'aie le plaisir d'aller vous voir dimanche matin, de les lui cacher totalement, si vous la voyez d'une manière quelconque, chez elle, chez vous, ou ailleurs.

Tout à vous,

A^te Comte.

Jeudi matin 20 avril 1843.

XXIV

Mon cher ami,

Ces deux lignes, que j'écris à la hâte au moment de partir, vous seront remises par l'un de mes meilleurs amis d'enfance M. Valat, professeur de mathématiques au collège royal de Bordeaux, qui vient d'arriver ici pour employer quelques semaines de vacances à montrer Paris à sa femme. Je vous serai infiniment obligé de lui procurer des billets pour voir commodément vos serres, votre cabinet anatomique, et, en général, toutes les parties du Muséum interdites à la masse du public.

Adieu, au revoir dans six ou sept semaines.

Tout à vous,

A^{te} Comte.

Mercredi matin 6 septembre 1843.

Je pars un peu mieux portant que dimanche.

XXV

Mon cher ami,

Je vous prie de vouloir bien remettre à ma bonne, porteur de ce billet, les deux volumes de Mill, si réellement, comme vous me l'avez dit, dimanche dernier, ils ne vous servent plus. Étant libre ce matin, je me serais procuré le plaisir de les venir chercher moi-même si je ne vous savais maintenant très absorbé par votre cours.

Adieu.

Tout à vous,

A^{te} COMTE.

Dimanche matin 10 décembre 1843.

Rien d'accompli encore à l'École polytechnique.

XXVI

Mon cher ami,

La nouvelle lutte que je vous avais récemment annoncée s'est trouvée beaucoup plus grave que je ne le croyais. Par le vote d'hier soir, le conseil polytechnique vient de consommer enfin l'iniquité qui avait été vainement tentée l'an dernier. Je ne suis pas au nombre des trois candidats présentés au Ministre pour le poste d'examinateur d'admission en 1844. Vous sentez bien que, suivant le plan que je vous ai expliqué, je vais énergiquement réclamer auprès du Ministre, en lui demandant directement une enquête formelle sur l'ensemble de cette affaire, où j'accuse officiellement le conseil de prévarication, sous l'impulsion de M. Liouville, à l'instigation de M. Arago : ma conclusion sera que, si cette enquête constate la réalité de l'assertion où j'attribue ce vote à d'indignes passions personnelles entièrement étrangères à mon service, le Ministre doit, par une nouvelle ordonnance, retirer au conseil ce droit de présentation dont il vient d'abuser ainsi, et me nommer lui-même, soit à vie, soit annuellement. Mon cas est tellement évident que je ne désespère pas du succès, même peut-être immédiat, malgré la mollesse des pouvoirs actuels envers toutes corporations, surtout savantes : il me resterait d'ailleurs, par un recours à la Chambre, une dernière juridiction officielle, après laquelle j'aurai encore le grand tribunal de l'opinion publique. Quant à la gêne momentanée que cette crise inattendue peut déterminer chez un homme sans fortune, qui n'a jamais pu faire d'économies, outre que c'est là pour moi le moindre des maux, j'ai même lieu d'espérer que le zèle généreux de quelques puissants amis la préviendra suffisamment, d'après les offres cordiales qui m'ont été faites, l'an dernier, en vue d'une telle perturbation. L'essentiel pour moi est de vivre, et de me bien porter, avec l'espoir très fondé que, le temps aidant, je finirai par être débarrassé, d'une manière quelconque, de tous ces misérables pédants. Vous reconnaîtrez, j'espère, dans notre heureuse réunion mensuelle de dimanche prochain, que ma santé est excellente, et mon âme nullement abattue : quoique la guerre me soit ennuyeuse et importune, vous savez que je ne la crains pas. Adieu.

Tout à vous,

A^{te} COMTE.

Mardi 28 mai 1844.

XXVII

Mon cher ami,

Votre billet d'hier m'a surpris et affligé. Quand je subis, il y a quinze mois, une inique spoliation, vous daignâtes m'offrir spontanément, de la manière la plus cordiale, votre assistance pécuniaire. Sans l'accepter alors, je me montrai disposé, si la nécessité l'exigeait ensuite, à y recourir dans la juste mesure de vos propres moyens. Après avoir longtemps espéré de pouvoir m'en dispenser, je me suis trouvé tout récemment obligé (le lundi 22) d'invoquer cette généreuse proposition, en m'adressant d'abord à vous, comme à mon plus ancien ami. Vous avez bien voulu, en me remettant 500 francs, me permettre de compter formellement, pendant la nouvelle année 1846, sur le reste des 2.000 francs que je venais vous emprunter franchement comme supplément, indispensable mais insuffisant, à mes propres ressources actuelles. Cette certitude m'a aussitôt procuré une pleine sécurité pour le temps peu considérable qui doit encore s'écouler jusqu'au rétablissement presque assuré de ma position officielle, ou du moins jusqu'à l'inévitable réalisation des nouveaux moyens que j'institue pour neutraliser la persécution. Une telle marque d'affection me devenait encore plus précieuse sous l'aspect moral, en soutenant mon courage par la conviction de n'être pas, dans mon injuste

détresse, abandonné de tous mes amis. J'étais
d'autant plus touché de cette noble conduite que,
quoique attendue de votre part, elle contrastait
profondément avec celle que venaient de tenir, en
Angleterre, d'autres amis, à la vérité bien moins
anciens et moins intimes, mais aussi beaucoup plus
riches. Ainsi rassuré sur le présent, et d'ailleurs
peu inquiet de l'avenir, mon heureuse insouciance
philosophique m'avait déjà déterminé à reprendre
paisiblement, ces jours derniers, ma grande élaboration, pour lui consacrer sans effort toutes mes
heures disponibles, en utilisant même les délais, à
tout autre égard fâcheux, que pourraient encore
éprouver l'essor graduel de mes nouvelles ressources.
Ce que vous venez de m'apprendre trouble brusquement cet équilibre naissant, et le coup est
d'autant plus grave, que j'étais loin de le craindre,
d'après l'assurance formelle que vous m'aviez
spontanément réitérée, huit jours auparavant, de ne
déranger nullement votre position financière par le
prêt successif que vous m'accordiez. Je regrette profondément, pour vous autant que pour moi-même,
qu'un plus mûr examen de cette situation vous ait
forcé de rétracter ce qu'une généreuse impulsion
vous avait entraîné à promettre. Comme la somme
totale dont vous m'aviez ainsi crédité pour 1846
m'est strictement nécessaire pendant cette année,
je me trouve obligé d'interrompre gravement mes
chers travaux philosophiques, afin de combler cette
lacune imprévue par l'intervention de quelques
autres amis, qui m'avaient aussi offert une cordiale

assistance. Toutefois l'éventualité même que vous voulez bien m'indiquer comme susceptible d'empê-cher le retrait effectif de votre amicale promesse, me décide à me borner à chercher ainsi un secours de 1.000 francs seulement, en continuant à compter sur vous pour un second prêt de 500 francs, à moins d'un nouvel avis spécial.

Votre respectueux ami,

A^{te} COMTE.

Mercredi matin 31 décembre 1845.

XXVIII

Mon cher ami,

Je vous adresse le jeune Anglais dont je vous ai parlé comme digne d'apprécier l'honneur de vous être présenté. M. Williamson, après avoir longtemps étudié la chimie à Giessen, sous M. Liebig, suit maintenant sous moi de fortes études mathématiques. Selon mes conseils, il suit aussi très assidument votre cours actuel. Afin d'en mieux profiter, il désirerait obtenir de vous l'accès habituel du cabinet d'anatomie comparée, et même la libre entrée de votre laboratoire anatomique. Vous m'obligerez beaucoup si vous pouvez lui accorder ces deux faveurs.

Tout à vous,

A^{te} COMTE.

Lundi 23 novembre 1846.

UNE LETTRE A MICHEL CHEVALIER

1832.

A Monsieur MICHEL CHEVALIER, rédacteur en chef du GLOBE.

Monsieur,

Il est tellement désagréable de prendre la plume pour entretenir le public de considérations personnelles au lieu de l'occuper d'idées, seules susceptibles de l'intéresser, que j'ai d'abord hésité à réclamer contre l'article qui me concerne dans le *Globe* du mardi 3 janvier 1832. Cependant, après une telle provocation, je crois devoir surmonter cette juste répugnance, et je ne puis me dispenser de relever les expressions fort inconvenantes que vous avez employées à mon égard, sans en avoir probablement senti toute la portée, quand vous avez parlé de ma prétendue *séparation* de la Société saint-simonienne.

Comme vous étiez, je crois, encore occupé à faire vos études à l'époque des événements auxquels votre article se rapporte, il n'est pas étonnant, Monsieur, que vous n'en ayez point une connaissance exacte. Si vous vous étiez informé avec plus de soin, vous auriez été convaincu que je n'ai jamais fait partie sous aucun rapport de l'association saint-simonienne et vous vous seriez dispensé sans doute d'expliquer pourquoi je m'en serais séparé.

J'ai eu, Monsieur, pendant plusieurs années avec M. de Saint-Simon une liaison très intime fort antérieure à celle qu'ont pu avoir avec lui aucuns des chefs de votre Société. Cette relation avait entièrement cessé deux ans avant la mort de ce philosophe et par conséquent à une époque où il n'était pas encore question le moins du monde de saint-simoniens. Je dois d'ailleurs vous faire observer que M. de Saint-Simon n'avait point encore adopté alors de couleur théologique et que notre rupture doit même être attribuée en partie à ce que je commençais à apercevoir en lui une tendance religieuse, profondément incompatible avec la direction philosophique qui m'est propre.

Depuis la mort de M. de Saint-Simon, j'ai inséré dans *le Producteur,* pendant les deux derniers mois de 1825 et les trois premiers mois de 1826, six articles destinés à faciliter au public l'intelligence de mes idées fondamentales sur la refonte des théories sociales. Mais ma coopération à ce journal, à la fondation duquel j'avais été absolument étranger, fut purement accidentelle ; j'ai consenti à publier, par cette voie, quelques articles portant ma signature, comme j'eusse pu le faire dans la *Revue encyclopédique* ou dans tout autre recueil dont la direction politique n'eût pas été radicalement opposée à la mienne. J'ai d'ailleurs cessé toute insertion aussitôt que je me suis aperçu que les éditeurs de ce journal tournaient aux idées religieuses, dont il n'avait d'abord été nullement question. Du reste, même pendant le court intervalle de cette sorte de coopération je n'ai jamais assisté une seule fois aux réunions régulières ou irrégulières des rédacteurs de ce recueil qui me sont presque tous absolument inconnus. Mes rapports avec *le Producteur* étaient donc purement littéraires et je les avais tellement modifiés sous ce point de vue que je me suis toujours borné à adresser mes articles au rédacteur général (M. Cerclet), qui eût pu refuser de les publier, mais que je n'avais nullement autorisé à y introduire la moindre modification, et qui de fait les a tous textuellement insérés ; vous serez sans doute disposé, Monsieur, à préjuger dès à présent la légèreté de la singulière explication que vous avez donnée de faits qui n'ont jamais existé. Quoique plus jeune que les chefs de votre secte, mes travaux et mes écrits ont été très antérieurs aux leurs. La première émission du commencement de mon *Système de politique positive,* dont mes articles du *Producteur* ne sont que le développement partiel, date de 1822 (j'avais alors vingt-quatre ans) ; un second degré de publicité a été donné à cet ouvrage au commencement de 1824, près de deux ans avant l'apparition du *Producteur.* Comme je n'ai jamais varié le moins du monde de la direction philosophique que j'avais dès lors nettement caractérisée, et dont la publication de mon *Cours de Philosophie positive,* commencée en 1830, n'est qu'une plus ample et plus générale manifestation, il serait difficile de concevoir que j'eusse jamais [.....] rien devoir aux travaux des pères saint-simoniens qui n'affectent pas d'ailleurs une telle prétention. Il est au contraire très certain que l'influence de ma parole et de mes écrits a contribué, dans l'origine, à l'éducation philosophique et politique de vos chefs actuels, comme ils pourront vous l'attester eux-mêmes, ce dont je suis du reste fort loin de me plaindre, en regrettant seulement qu'ils n'en aient pas mieux profité. Mais quoi qu'il en soit, Monsieur, j'ai lieu de m'étonner d'avoir été confondu dans votre exposé avec les personnes qui ayant commencé leur carrière philosophique au sein de votre Société et sous les inspirations de ses chefs, ont cru devoir plus tard s'en séparer, ce que je regarde d'ailleurs comme une grande preuve de bon sens.

Par suite des mêmes considérations, il ne serait pas facile de comprendre comment j'aurais pu, suivant vos doctorales expressions, *rester en arrière dans la marche du saint-simonisme, faute d'en pouvoir suivre le progrès*. Entré avant vos *pères suprêmes* ou *non suprêmes* dans la carrière philosophique et y ayant marché sans interruption dans une direction invariable, je ne pourrais me trouver maintenant à *l'arrière* que par suite d'une infériorité intellectuelle bien prononcée. Or, quoique vos chefs se soient hardiment *posés* comme les hommes les plus capables de France et même du monde entier, je ne sache pas qu'ils soient encore allés jusqu'à penser qu'une telle prétention pût devenir un article de foi ailleurs que parmi leurs dévots. Je crois donc que s'ils eussent été consultés à l'avance, ils n'auraient nullement ratifié les termes que vous avez employés à mon égard. Ils savent parfaitement que je n'ai jamais hésité, à aucune époque, à regarder et à proclamer hautement l'influence des idées religieuses, même supposées strictement et constamment réduites à leur moindre développement, comme étant aujourd'hui chez les peuples les plus avancés le principal obstacle aux grands progrès de l'intelligence humaine et aux perfectionnements généraux de l'organisation sociale. La voie scientifique dans laquelle j'ai toujours marché depuis que j'ai commencé à penser, les travaux que je poursuis obstinément pour élever les théories sociales au rang de sciences politiques, sont évidemment en opposition radicale et absolue avec toute espèce de tendance religieuse ou métaphysique, ainsi le public éclairé comprendra difficilement comment j'aurais pu rester en arrière, dans une direction qui n'a jamais été la mienne, et que j'ai toujours regardée comme essentiellement rétrograde. Quant aux progrès que j'ai faits dans la ligne qui m'est propre (car je ne crois pas être demeuré stationnaire depuis cinq ans), ni vous ni les vôtres n'en pouvez être juges ; mais ils sont clairement constatés par tous ceux qui ont bien voulu suivre avec attention le développement de ma philosophie dans ces derniers temps. Si vos supérieurs après avoir suivi pendant quelque temps la direction positive (qu'ils n'ont d'ailleurs jamais bien comprise faute d'avoir fait les études préliminaires convenables) ont jugé à propos d'en prendre une autre entièrement opposée, ils ont sans doute cru bien faire ; mais je ne puis m'empêcher de trouver fort singulier que ce soit en leur nom que vous parliez à mon égard de déviation ou de ralentissement. Soyez persuadé, Monsieur, que tous les observateurs impartiaux et compétents seraient choqués de cet étrange renversement des rôles s'ils pouvaient prendre quelque intérêt à un tel débat.

· Il est possible, Monsieur, que ma persistance invariable dans la voie philosophique que j'ai suivie dès mes premiers travaux, passe dans votre esprit pour une sorte de répugnance aveugle à toute innovation, quoique vous fussiez certes le premier à m'adresser un tel reproche. Mais quand même je ne serais pas profondément convaincu que la direction positive est la seule qui puisse aujourd'hui nous conduire à une vraie et définitive rénovation des théories sociales et par suite des institutions politiques, j'aurais de la peine à comprendre qu'on exécute jamais rien d'important en changeant tous les deux ou trois ans ses conceptions générales. Du reste, vous conviendrez, Monsieur, que si je me suis trompé dans la direction générale de ma philosophie, je n'ai pas choisi du moins celle qui se prête le plus commodément à l'infériorité et à la paresse de l'intelligence.

· Au lieu des longues et difficiles études préliminaires sur toutes les branches fondamentales de la philosophie naturelle, qu'impose absolument ma manière de procéder en science sociale, au lieu des méditations pénibles et des recherches profondes qu'elle exige continuellement sur les lois des phénomènes politiques (les plus compliqués de tous), il est beaucoup plus simple et plus expéditif de se livrer à de vagues utopies dans lesquelles aucune condition scientifique ne vient arrêter l'essor d'une imagination déchaînée. Il est surtout très attrayant, je l'avoue, pour ceux qui visent à la quantité des suffrages plutôt qu'à leur qualité, après avoir arrêté trois ou quatre épigraphes sacramentelles et sans prendre d'autre peine que celle de composer quelques verbeuses homélies, de se trouver tout à coup un grand homme, du moins momentanément, aux yeux d'un cercle assez nombreux, par lequel d'ailleurs on a l'avantage d'être vénéré comme un modèle de vertu. Ajoutez que la voie saint-simonienne conduit à la fortune et la mienne à la misère et vous aurez achevé de démontrer que j'ai suivi une fort mauvaise direction. Cependant, Monsieur, je suis tellement obstiné que je ne voudrais pas en changer, quoique je sois assez jeune pour le faire avantageusement. L'estime et la sympathie d'un très petit nombre d'esprits éminents, juges compétents de mes travaux, telle est la seule récompense que se soit jamais proposée mon ambition, trop modeste ou trop élevée comme vous croirez devoir l'entendre.

Votre Société n'a point encore, à ce que l'on m'apprend, arrêté les bases de sa nouvelle morale ; j'espère cependant, Monsieur, que vous conformant, du moins par provision, aux vieilles règles de la moralité littéraire, vous voudrez bien insérer *textuellement* dans le prochain numéro du *Globe* ma réponse à l'attaque inconsidérée que vous vous êtes permise envers moi. Je désire qu'elle ait sur vous assez d'influence pour vous empêcher désormais de me mêler en rien dans aucune histoire de la secte saint-simonienne à laquelle j'ai le droit d'exiger qu'on me regarde comme ayant toujours été absolument étranger. Quand vous croirez devoir seulement vous livrer à une critique quelconque sur ma philosophie, je garderai le plus profond silence parce qu'elle est effectivement tombée par le fait de sa publicité dans le domaine des journalistes disposés à la juger. Mais il ne saurait en être de même lorsqu'il s'agit d'assertions erronées relatives à ma personne et qu'il m'importait beaucoup de démentir.

Je dois vous prier, Monsieur, de vouloir bien excuser la longeur de cette lettre. Mais vous reconnaîtrez, sans doute, que s'il est aisé de présenter en deux lignes toute la position d'un écrivain sous un point de vue absolument faux, la rectification ne peut être aussi concise.

J'ai l'honneur d'être, Monsieur, votre dévoué serviteur.

A^{te} COMTE,

Ancien élève de l'École polytechnique,
N° 159, rue Saint-Jacques.

Paris, le jeudi soir 5 janvier 1832.

P.-S. — Je dois vous prévenir, Monsieur, que dans le cas où l'insertion exacte de cette lettre dans votre journal me serait refusée, j'aurais recours, quoique avec le plus grand regret, à la publicité des autres journaux.

QUATORZE LETTRES A M. DE CAPPELLEN

1849–1856.

La lettre du 1ᵉʳ Gutenberg 66 est la seule dont l'original soit entre nos mains; les autres appartiennent à la famille du destinataire qui nous en a donné les copies.

Monsieur,

Outre l'avis collectif que j'ai adressé au *National* et au *Journal des Débats,* je crois devoir, afin de vous éviter un déplacement inutile, vous informer spécialement que le Ministre des travaux publics m'a brusquement retiré avant-hier la salle qu'il m'avait concédée six mois auparavant, pour mon *Cours philosophique sur l'histoire générale de l'Humanité,* dont les deux séances finales deviennent ainsi impossibles.

Salut et fraternité.

Auguste Comte.

10, rue Monsieur-le-Prince.

Vendredi 12 Gutenberg 61
(24 août 1849).

II

Monsieur,

J'ai eu récemment une entrevue officielle au sujet de mon nouveau cours avec le Préfet de police (M. Carlier), qui n'est point aussi terrible que sa réputation. D'après sa déclaration formelle et spontanée, il a résolu de n'apporter aucun obstacle à la reprise de mon cours, dont il semble même entrevoir, à sa manière, l'utilité pour l'ordre réel.

Vieillard pouvant ainsi s'appuyer sur l'assentiment officiel d'un magistrat compétent, j'espère maintenant que son zèle surmontera bientôt les difficultés qui empêchent la réouverture de ma chaire positiviste.

Salut et fraternité.

AUGUSTE COMTE.

10, rue Monsieur-le-Prince.

Le 2 Homère 62.

III

Monsieur,

Je crois devoir vous annoncer que j'ai enfin achevé dimanche le premier volume de mon second grand ouvrage (qui en aura quatre), le *Système de politique positive, ou Traité de sociologie instituant la Religion de l'Humanité*. Telle a été ma manière de fêter le noble anniversaire que M. Littré a dignement chanté, dans un article que j'ai lu exceptionnellement. J'espère que cette annonce dissipera vos scrupules personnels sur ma visite actuelle, puisque je me trouve ainsi dans un intervalle de loisir philosophique, qui se prolongera pendant tout le mois de mars, en attendant et préparant ma composition du second volume. Me voilà donc à vos ordres.

Vous savez que cet ouvrage est celui dont le discours préliminaire parut en 1848, grâce au zèle généreux des positivistes hollandais, sous le titre de *Discours sur l'ensemble du positivisme.* Je comptais alors ne publier le premier volume qu'avec le second. Mais l'importance et l'extension acquise par la seconde partie de ce tome initial, au delà de ce que j'attendais en la commençant il y a quatre mois, viennent de me décider à la faire immédiatement paraître, si je trouve un éditeur convenable. Dans ce cas, il serait publié avant six mois, en soutenant bien l'impression.

Salut et fraternité.

AUGUSTE COMTE.

10, rue Monsieur-le-Prince.

Jeudi 3 Aristote 62.

La question de ma salle de cours est en voie officielle, ce qui me semble équivaloir à un ajournement indéfini.

IV

Paris, le vendredi 18 Frédéric 62.

Monsieur,

Au sujet de la scrupuleuse demande que vous me faisiez lundi, j'ai ensuite pensé que faute d'y pouvoir répondre moi-même, je trouverais des renseignements certains et suffisants auprès du Dr Segond, ami intime de M. Robin. Quoique je n'aie pas eu encore l'occasion de lui parler en particulier, elle ne tardera pas à se présenter, et j'en profiterai si vous n'y voyez aucun inconvénient.

Tout à vous,

AUGUSTE COMTE.

Sans oublier votre ponctualité habituelle, je dois en passant vous rappeler que la cérémonie positiviste à laquelle vous devez tous trois assister jeudi prochain 28 novembre commencera *à deux heures précises.*

V

Mercredi 22 Frédéric 63.

Mon cher Monsieur de Cappellen,

Je ne crois pas devoir attendre notre prochaine entrevue pour vous apprendre, comme à tous mes vrais amis, que ma spoliation polytechnique vient de recevoir son dernier complément. Après dix-neuf années consécutives d'un irréprochable service, on m'ôte aujourd'hui, sans même articuler aucun motif, la petite place de 2.000 francs qui restait ma seule ressource officielle depuis l'accomplissement de la principale iniquité. Ce dernier acte de la persécution dirigée contre moi par les coteries scientifiques avait été déjà prévu, il y a sept ans, dans ma lettre finale au Ministre (le maréchal Soult), qui tenta vainement de contenir ces haines implacables. Je m'y étais même spécialement attendu l'an passé. Mais je le croyais maintenant ajourné jusqu'à l'année prochaine. Heureusement ce nouveau coup matériel m'a trouvé en pleine activité cérébrale, d'après la récente reprise de mon second volume, suspendu depuis avril par mon cours. Quoiqu'il ne me reste ainsi d'autre ressource financière qu'une souscription encore insuffisante, je continue de travailler paisiblement, et je n'aurais pas même trouvé le temps de vous écrire ce mot sans mon saint chômage hebdomadaire. Ma santé d'ailleurs est excellente.

Tout à vous,

Auguste Comte.

10, rue Monsieur-le-Prince.

VI

Paris, le mardi 6 Gutenberg 64.

Mon cher Monsieur de Cappellen,

Je profite d'un court loisir exceptionnel pour répondre plus promptement que je ne l'espérais à votre bonne lettre de vendredi (1) . . . . .

. . . .

(1) Les points ainsi espacés indiquent les omissions volontaires faites par les personnes qui ont donné communication de cette série de lettres.

Toujours absorbé par mon cher *Catéchisme,* j'ai la satisfaction de le voir avancer rapidement, puisque déjà les deux premiers tiers sont achevés, en sorte que je l'aurai terminé vers la fin d'août, suivant mon espoir primitif. En même temps, j'ai lieu de croire que sa publication s'accomplira quelques semaines plus tôt que je ne l'avais espéré. Cette amélioration secondaire résulte d'une résolution qui vous charmera, sans vous surprendre, de la part d'un noble jeune homme que vous connaissez bien maintenant. M. Robinet s'est spontanément offert, il y a dix jours, pour garantir au besoin les frais typographiques que j'évaluais à *mille* francs au plus. Quoique j'aie tout lieu de présumer que l'honorable imprimeur n'exigera cette fois aucune garantie, je n'en ai pas moins accepté dignement ce dévouement éventuel d'un noble disciple. Je m'en suis même aussitôt servi pour proposer cette petite opération à M. Thunot, auquel je ne comptais d'abord en parler qu'après avoir achevé le *Catéchisme.* Son silence ne tient, sans doute, qu'à ce que ma lettre lui est parvenue dans un moment où son atelier n'était pas immédiatement disponible. Il ne veut me répondre que pour me demander de commencer directement l'impression, d'après ce qui se trouve terminé déjà de mon manuscrit.

L'ensemble de ma propre situation vient d'éprouver une crise qui sera bientôt regardée comme heureuse par tous mes vrais amis, comme je commence à la juger telle. Il s'agit d'une rupture irrévocable avec M. Littré, d'après une sorte de déclaration de

guerre, plus étrange qu'imprévue, qu'il osa m'envoyer le 9 août, ce qui fut évidemment inspiré par
son intimité doublement coupable avec l'indigne
dame qui porte mon nom.

M. Littré m'avait récemment annoncé, contrai-
rement à ses assurances antérieures, ce qui d'ailleurs
peut sembler louche, que ma souscription serait
probablement insuffisante de *mille* francs pour la
présente année. Dès lors il m'invitait à pourvoir
au déchet par de nouvelles restrictions à mes
dépenses personnelles, sans oser d'ailleurs faire
directement allusion à mon cher logement, quoique
ce soit évidemment le seul article qui pût encore
être matériellement réduit. En lui répondant à cet
égard, et suppléant résolument à son lâche silence,
j'ai déclaré que je ne quitterais jamais mon appartement, après lui avoir soigneusement expliqué tous
les motifs exceptionnels que j'ai d'y tenir, autant
d'esprit que de cœur. J'ai terminé cette réponse en
annonçant que si, ce que d'ailleurs je persistais à
ne pas craindre, ses inquiétudes actuelles se réali-
saient, je réduirais convenablement la pension de
2.000 francs que je fais à Mme Comte. Cette
résolution m'attira l'ignoble manifeste du 9 août,
où, après un étrange panégyrique de la noble
dame, on me conteste directement la faculté de
réduire, en aucun cas, sa pension actuelle ! On y
déclare d'ailleurs, entre deux virgules, à la fin de
la troisième et dernière page, que les liens politiques de M. Littré avec moi sont déjà rompus,
ce que j'ignorais jusqu'alors. Mais l'insolence de

l'ennemi va jusqu'à me menacer de ne pas faire, spécialement en Amérique, de nouvelles démarches pour accroître ma souscription, si d'abord je ne m'engage point à ne jamais diminuer la pension. Je n'ai fait, ni ne ferai la moindre réponse directe à cette méprisable attaque, jusqu'au moment ordinaire où M. Littré m'écrit, vers la fin de chaque trimestre, pour l'argent qu'il a reçu et la pension payée par son entremise. Du moins, je ne signifierais plus tôt ma résolution que si cet homme osait me demander une réponse. Mais j'ai déjà proclamé cette décision mercredi devant la Société positiviste qui constitue naturellement mon public initial, en invitant d'ailleurs mes confrères à faire convenablement connaître cette irrévocable rupture. Je leur ai donc déclaré que je retirais à M. Littré, d'abord son intervention trimestrielle envers Mme Comte, et ensuite sa direction de ma souscription, dont je suis dès à présent le seul gérant. Le lendemain (jeudi dernier, 12 août), j'ai mandé tout cela dans une longue lettre spéciale à M. Lewes, en l'invitant à divulguer sagement la rupture sans dissimuler ses vrais motifs, et d'ailleurs à m'envoyer directement le produit de la souscription qu'il vient d'ouvrir à Londres, quand il jugera devoir le faire. Je l'ai prévenu contre la fausse tournure qu'on va donner à cette scission en l'attribuant aux dissidences politiques, qui n'y sont pourtant qu'accessoires ; le motif essentiel consistant dans une profonde inimitié personnelle, que l'envie fait couver en secret depuis longtemps, et qui se trouve fortement développée sous l'impulsion satanique de Mme Comte, à laquelle ce lâche écrivain est incapable de résister.

Cette guerre nouvelle ne me détournera jamais de mes nobles travaux. Ayant reçu le coup dans la matinée du lundi 9 août, une heure après, il était déjà digéré, et je commençais paisiblement ma sainte tâche quotidienne. J'étais ce jour dans la principale question du culte, et l'émotion exceptionnelle ne m'empêcha point de construire dignement sa doctrine la plus abstraite et la plus suave, la théorie de la vie subjective. Mes amis n'ont qu'à relire la déclaration qui termina la dernière préface de ma *Philosophie positive* en 1842. Ils sentiront alors que je ne me laisserai jamais détourner par aucune polémique, et que je saurai toujours garder l'initiative. Si je le déclarais, il y a dix ans, quand j'étais encore isolé et peu accrédité, j'y suis plus décidé maintenant que j'ai moins de temps à perdre, que mon nom a grandi, et que je possède enfin quelques disciples vraiment dévoués, qui sauront bien soutenir sans moi la guerre, quoique je les invite à s'y livrer le moins possible. Je m'expliquerai suffisamment sur cette lutte dans la préface de mon troisième volume, qui paraîtra, j'espère, en mai ou juin prochain; alors j'y *jugerai,* dans quatre ou cinq pages décisives, M. Littré et sa clique. Mais on n'aura plus une seule ligne de moi là-dessus, quand je vivrais autant que Fontenelle.

Toutefois, il ne faut pas se dissimuler l'aggravation probable et peut-être prochaine d'une telle lutte, si le *Catéchisme* réussit. Ayant Mme Comte pour général, et le sieur Belpaume pour aide de camp, M. Littré s'efforcera, quoique secrètement, d'ameuter contre moi tout l'Institut, la plupart des rouges, et même les débris du saint-simonisme, en faisant guider l'étrange armée par les déserteurs positivistes. Au fond, beaucoup de gens ne veulent aujourd'hui de religion d'aucune espèce, encore moins positive, de peur d'une morale sérieuse appuyée par un sacerdoce inflexible. Il faut donc prévoir une prochaine lutte entre les vrais et les faux positivistes, entre ceux qui veulent devenir dignement conservateurs et ceux qui veulent toujours rester révolutionnaires, en un mot entre les religieux et les irréligieux. Ceux-ci portent tous, comme M. Littré, sur leur propre cerveau l'empreinte de la réprobation morale, par l'absence du grand sentiment de la vénération, seule source possible de la régénération occidentale. Aussi, quoique nombreux et bruyants, ne sont-ils guère à craindre; en un temps où la construction est de plus en plus à l'ordre du jour, ceux qui ne pensent encore qu'à détruire sont les plus arriérés de tous. Comme je l'annonçais à M. Lewes, cette lutte va s'accomplir sous deux bannières féminines, l'une verte, l'autre rouge; entre l'ange qui ne cessera jamais d'avoir trente ans, et le démon qui vient de commencer sa cinquante-unième année.

La fausse position où se trouve M. Littré ne lui permet de me nuire secrètement qu'en continuant à passer publiquement pour mon ami. C'est pourquoi je vous prie de divulguer cette rupture autant que vous en trouverez de dignes occasions, surtout en Hollande.

Salut et fraternité.

AUGUSTE COMTE.

10, rue Monsieur-le-Prince.

P.-S. — En venant, jeudi soir, annoncer à Sophie son départ pour la Lorraine, Mme de C.... a bien voulu promettre qu'elle viendrait me voir le jeudi suivant, avant de s'acheminer vers Londres. Si cette attente se réalise après-demain, je lui lirai l'ignoble lettre de M. Littré, afin qu'elle puisse vous en dire son impression. J'espère aussi qu'elle pourra placer dans son bagage les deux volumes publiés de ma *Politique positive,* que je veux envoyer à M. Lewes, auquel je vous prie de les remettre vous-même, ce qui vous fera connaître un homme intéressant, quoique fort incomplet.

M. Lefort vient de passer ici dix jours ; il est parti hier pour aller trouver M. Audiffrent, en s'arrêtant un peu d'abord chez M. Hadery, puis à Lyon. J'ai beaucoup regretté, comme lui, qu'il ne pût pas vous être présenté, ainsi qu'à Mme de C...

VII

A Madame de C..., 7, rue de Castiglione.

Madame,

Je vous envoie ce matin les livres dont vous voulez bien vous charger pour Londres, afin de vous éviter l'embarras de les emporter dans la prochaine visite que vous daignez m'annoncer avant votre départ. Sans le précieux travail qui m'absorbe, j'aurais une grande satisfaction à vous éviter cette dernière course, en allant vous voir. Quand vous viendrez, j'aurai peut-être à vous apprendre l'entière terminaison de mon cher *Catéchisme*, que je regrette presque de voir finir, et dont l'impression commence demain, en sorte qu'il sera publié, j'espère, à la fin de septembre.

Respect et sympathie,

AUGUSTE COMTE.

10, rue Monsieur-le-Prince.

Dimanche. 18 Gutenberg 64
(29 août 1852).

VIII

A M. CH. DE CAPPELLEN, à Londres.

Paris, le dimanche 11 Shakespeare 64.

Mon cher Monsieur de Cappellen,

Votre lettre de lundi m'a beaucoup satisfait en m'apprenant votre heureuse réunion de ménage, et j'ai su depuis par M. Robinet que Mme de C... avait peu souffert de la traversée.

Je vous remercie de votre empressement à remplir ma petite commission envers M. Lewes. Vous me paraissez avoir bien jugé ce personnage, qui, malgré ses graves lacunes de cœur, d'esprit et de caractère, peut utilement seconder la propagation du positivisme. Sa réponse à ma lettre d'août m'a très peu satisfait, surtout d'après sa sécheresse et son excessive circonspection. Mais le défaut d'élan est malheureusement trop commun parmi les Anglais, principalement chez ceux qui gagnent leur vie par la plume.

Le lendemain de la visite d'adieu que voulut bien me faire Mme de C..., je reçus enfin la précieuse lettre où M. Lefort m'annonce son heureuse réunion avec M. Audiffrent dès le 27 août. Il m'y rend un compte fort intéressant de son voyage, et surtout de son important séjour à Lyon, où, pendant ces trois jours, il fut accueilli comme un

éminent apôtre dont les auditeurs des deux sexes
reçurent avidement les inspirations, pendant deux
soirées de prédications improvisées qu'il leur accorda.
Une sérieuse entrevue de trois heures avec un
membre influent de la noblesse lyonnaise, l'a
convaincu de la réalité des progrès annoncés pour
le positivisme dans cette caste, d'où nous pouvons
je crois attendre beaucoup, du moins chez ses
dignes types. Les idées d'ordre et les sentiments de
continuité peuvent s'y trouver mieux qu'ailleurs,
en même temps qu'une vénération plus spontanée
et plus complète. Quant à l'accueil que M. Lefort
a reçu de M. Audiffrent, et même de sa mère, il
surpasse toutes ses espérances et presque les miennes.
D'une autre part, j'ai reçu ce matin de M. Audiffrent une lettre où il me témoigne sa parfaite
satisfaction de la fraternité qu'il vient d'obtenir par
mon entremise. Ce résultat, aujourd'hui si rare,
honore déjà le positivisme, outre les hautes espérances qu'il confirme en moi sur le digne développement de deux éminents disciples auxquels
je conférerai probablement un jour le sacerdoce de
l'Humanité, si, comme j'ai lieu maintenant de le
présumer, leur initiation n'avorte pas. M. de Blignières et M. Foley m'offrent aussi l'espoir de
mériter un pareil office, d'après la forte préparation
qu'ils poursuivent avec persévérance et dignité.
Ainsi, notre clergé naissant comptera peut-être,
dans dix ou douze ans, quatre prêtres proprement
dits, pleinement aptes à leur grande mission, outre
ceux qui pourront surgir bientôt. Mes entrevues

avec M. Lefort m'ont spécialement fortifié dans l'espérance de trouver en lui mon digne successeur. Déjà certain de son énergie et de son intelligence, je me suis attaché surtout à scruter sa tendresse et sa vénération, et j'en ai été très satisfait. Une mission délicate que je lui ai confiée pendant son voyage au Midi s'est trouvée accomplie avec une profondeur de jugement et une maturité de vision vraiment admirable à cet âge, et que je comprendrais à peine si je ne savais combien le malheur a dû le rendre précoce.

Quelques jours après sa grande lettre, j'en reçus une, fort remarquable, et très inattendue, du révolutionnaire Barbés, auquel j'avais adressé, comme vous le savez, les deux premiers volumes de ma *Politique positive,* qui n'ont pu pénétrer encore dans sa prison. Voici le passage le plus décisif de cette mémorable pièce, qui n'a point subi le contrôle officiel : « Les épreuves par lesquelles vient de « passer notre cher pays, le rude coup porté à nos « espérances doivent enseigner à ceux d'entre nous « qui n'ont pas jusqu'ici assez tenu compte de la « science, qu'on ne réforme pas une nation unique- « ment avec des aspirations et des désirs. J'ai fait « souvent ces réflexions depuis nos désastres. Je « conserve, en dépit de tout, ma foi intacte, mais « je sens le besoin de l'éclairer, d'en subordonner « les élans à la marche et aux tendances générales « de l'humanité. » Ce noble langage que nul autre révolutionnaire ne pourrait tenir aujourd'hui, m'a donné l'espoir d'exercer une action profonde et même une rénovation décisive, sur un homme dont l'énergie et la pureté sont prouvées, quand il aura pu lire mon envoi, préparé par le *Catéchisme* que je m'efforcerai de lui faire parvenir aussitôt qu'il paraîtra, vers le milieu d'octobre comme l'indique la marche de l'impression. J'ai fait à cette lettre une réponse décisive, dont j'ai gardé copie, afin de les publier toutes deux, au mois de juin, dans la préface de mon troisième volume : elles y formeront un contraste, très honorable, pour le positivisme, avec la lettre (et probablement aussi la réponse) que je vais adresser, le mois prochain, au tzar Nicolas, en lui faisant les mêmes envois. Si M. Barbès peut vraiment se convertir au positivisme pour le temps où je publierai solennellement mon projet de triumvirat, ce qui n'arrivera pas avant trois ans, je croirai rendre un grand service à la France et même à l'Occident, en l'y proposant comme triumvir de l'extérieur, puisque c'est maintenant le seul homme qui jouisse d'une popularité réelle parmi nous ; et la garantie qu'il donnerait dès lors à l'ordre lui rallierait les conservateurs sensés. Tel est le but de ma réponse, comme vous en pourrez, j'espère, juger bientôt ici, d'après sa copie. En supposant réalisé cet espoir, le triumvirat positiviste se trouverait dignement composé, depuis que j'ai renoncé à Caussidière, comme impropre à une suffisante adhésion.

Ma troisième nouvelle positiviste est malheureusement d'une tout autre nature que les deux précédentes. Elle consiste dans une grande déviation de M. Lucas, qui s'est permis, à Lyon, de conférer spontanément le sacrement de la *présentation* sans me demander aucune autorisation préalable. Comme il était lui-même parrain dans cette cérémonie, il n'y pouvait officier ; en sorte qu'il a pris sur lui de désigner un Consécrateur (lequel heureusement n'est pas M. Laurent, resté pur de tout cela). Il a donc usurpé, non seulement les fonctions de Prêtre, mais celles de Grand-Prêtre. Au reste, ceci n'a nul rapport à ma rupture avec M. Littré, puisque le fait s'est accompli dès le commencement de juillet, quoi-que M. Lucas ne m'en ait informé que plus de deux mois après, et qu'il l'ait caché même à M. Lefort, du moins si j'en juge par le silence de celui-ci.

Le surlendemain de cette triste communication, je me suis empressé d'y faire une digne réponse, où je charge M. Lucas d'aller en mon nom déclarer à la famille déçue que le sacrement est entièrement nul, comme ayant été conféré sans une suffisante autorité ; en un mot, qu'il n'a pas plus de valeur positiviste que si la cérémonie s'était passée dans une loge de francs-maçons. J'ai lieu d'espérer que ce désaveu sera convenablement opéré. Quoique M. Lucas ait été certainement influencé, même à son insu, peut-être, par l'appât d'une sorte de papauté lyonnaise, puisque le cas n'offrait aucune urgence, je crois pourtant que son aberration est surtout due à la faiblesse, n'ayant pas osé résister à des instances réitérées, ou craignant de perdre cette clientèle, qui, naguère communiste, doit être peu soumise encore à ses nouveaux chefs.

En tous cas, il importait beaucoup de réprimer, dès sa naissance, une telle scission, qui, j'espère, n'aura pas de suite. Mais si M. Lucas n'opérait pas le juste désaveu que je lui prescris, je n'hésiterais point à rompre toute relation avec lui et à le représenter partout comme n'étant pas positiviste. Avec du bon sens et du zèle, tout le monde peut devenir apôtre de l'Humanité comme l'est jusqu'ici M. Lucas avec tant de succès. Quant au sacerdoce, l'accès doit en être rigoureusement interdit à ceux qui ne remplissent pas les conditions scientifiques qu'il exige. Sans cela, nous serions bientôt envahis par les littérateurs, aussitôt que le positivisme grandira, et nous le verrions dégénérer en une source universelle de tartines écrites ou orales. A la suite des déclamateurs, ne tarderaient pas à s'introduire les hypocrites, puisque rien n'est plus facile à feindre que les sentiments quand les convictions et la conduite ne les garantissent point. Dès lors, ce clergé positif, qui doit tenir tête à tous les lettrés et savants de l'Occident, se trouverait à sa naissance indigne de sa mission. Je ne saurais donc apporter aujourd'hui trop d'inflexibilité dans le scrupuleux maintien de notre discipline sacerdotale, au risque de perdre toute mon influence actuelle sur la ville de Lyon. Ma résistance doit être encore plus tenace ici que quand on me demandait, au nom des prolétaires lyonnais, une radiation dans le calendrier positiviste. Ces ci-devant communistes étaient habitués au régime où les supérieurs obéissent aux inférieurs qui votent même les croyances. Je saurai bien leur faire sentir que l'ordre positiviste est radicalement inverse d'une telle anarchie. Au reste la plus triste réaction de cet événement inattendu consista à me faire beaucoup douter de la réalité des nombreuses conversions qu'on attribue à M. Lucas. Deux autres symptômes me le rendaient déjà suspectes. En effet, excepté M. Laurent, pas un de ces prétendus positivistes n'a tenté d'entrer en relation directe avec moi, quoiqu'on me sache fort accessible. De plus ma souscription ne reçut, l'an dernier, de Lyon, qu'une collecte totale de 200 francs, où M. Lucas figure peut-être pour la moitié, malgré que j'aie formellement déclaré que j'admettrais, envers ce devoir social, des cotisations aussi minimes que celles d'un centime par jour. Au reste les suites du présent événement vont· achever d'apprécier le cas lyonnais. Mais je ne puis désormais regarder comme positiviste quiconque ne contribue aucunement à soutenir mon existence matérielle.

Le cas que je viens de vous faire connaître présente, sous l'aspect politique, une gravité spéciale, comme émané de la ville de France la plus disposée à se séparer de Paris. Elle offrit aux Girondins leur seul appui sérieux contre la Convention : car le siège de Toulon n'eut de poids que par les Anglais. D'après la lettre de M. Lefort, je vois qu'on s'y répartit déjà la besogne avec Paris, en parlant d'y poser la question sociale quand Paris posera la question politique ! J'ai tâché de faire sentir que les questions se posent là où elles se résolvent, et qu'on ne déplace pas à volonté l'initiative ou la prescience acquise par un progrès séculaire, non seulement envers la France, mais aussi pour tout l'Occident, qui ne se subordonnerait jamais à Lyon, pas plus qu'à Bordeaux ou Marseille, etc... Si mes disciples sérieux ne m'assistent pas assez dans cette difficile prédication, le positivisme pourrait dégénérer à Lyon en source nouvelle de divisions dans un pays déjà si divisé, du moins quand d'habiles roués s'en saisiraient. Le danger est d'autant plus grave que ces coupables tendances se mêlent à l'instinct fort légitime, quoique très confus encore, d'une décomposition temporelle de la France.

Mon *Catéchisme* annonce déjà, ce que démontrera mon volume final, le partage paisible et spontané de notre république avant la fin du siècle actuel, en dix-sept républiques indépendantes, que j'eus en vue quand j'instituai les intendances. Ainsi les Girondins ne se trompèrent vraiment que d'un siècle dans leurs rêves de décomposition française, quoiqu'ils aient été justement écrasés pour avoir alors voulu contrarier ainsi une concentration passagère, mais indispensable. L'erreur ne serait donc aujourd'hui que d'un demi-siècle, et dès lors plus dangereuse, comme plus spécieuse. Car, si, comme on doit le présumer, toute crainte sérieuse d'invasion extérieure et de coalition rétrograde restait dissipée, une tentative de scission politique à Lyon ne trouverait point Paris assez résolu de la réprimer énergiquement. J'ai tâché de faire comprendre cela à M. Lucas, pour lui faire mieux sentir la gravité de sa chute passagère. Mais j'espère surtout convaincre, à cet égard, la pénétration et la pureté très supérieure de M. Lefort, qui, placé dans le Midi, pourra de concert avec son digne frère Audiffrent, m'aider à comprimer ce germe de dissensions intimes, que ma théorie historique pouvait seule révéler. Il faut que la décentralisation temporelle accompagne la nouvelle centralisation spirituelle, de manière à transformer la domination actuelle de Paris dans le simple ascendant d'une métropole religieuse, non seulement reconnue de toute la France, mais respectée aussi par tout l'Occident. Ces deux mouvements opposés et pourtant connexes peuvent se concilier toujours, si la sollicitude du sacerdoce positif devient, dès à présent, assez éclairée et assez active.

Salut et fraternité.

AUGUSTE COMTE.

10, rue Monsieur-le-Prince.

IX

Paris, le mardi 20 Shakespeare 64.

Mon cher Monsieur de Cappellen,

Je réponds immédiatement à la bonne lettre que je viens de recevoir, afin de vous témoigner combien je suis heureux d'apprendre ainsi votre prochain retour. . . . .

Cette heureuse proximité ne me permet de vous donner aucune commission pour Londres. Mais, si vous étiez forcé d'y rester encore quelques jours, je vous prierais de vous informer de M. Carlyle, qui doit demeurer aux environs, et dont vous pourriez avoir l'adresse par son ami John Mill à la Compagnie des Indes. Un Anglais fort distingué, M. Congreve, professeur à l'Université d'Oxford, dans une visite qu'il m'a récemment faite pour m'apporter sa souscription, me l'a représenté (M. Carlyle) comme le seul penseur véritable que possède aujourd'hui l'Angleterre et fort rapproché du vrai positivisme, tant social qu'intellectuel ; je n'en avais entendu parler jusqu'ici que comme d'un éminent écrivain, dont l'âge doit d'ailleurs différer peu du mien. Si vous pouviez, sans le voir personnellement, me procurer au moins son adresse exacte (que M. Congreve ne m'a pas fournie), je tâcherais de lui faire parvenir bientôt un exemplaire de ma *Politique positive* avec le *Catéchisme*. La conduite de M. Lewes, qui, du reste, ne me semble pas fort estimé dans son pays, ne m'a pas beaucoup surpris. Il est tellement léger et personnel qu'il ne m'a pas encore envoyé le montant de la souscription partielle ouverte à Londres sous ses auspices, quoique j'y comptasse d'après sa lettre du 17 août, qui m'annonçait cet envoi pour deux semaines après. Aussi je me suis vu forcé de lui écrire, avant-hier dimanche, un mot spécial, afin de hâter cette rentrée attendue, en lui rappelant que; tant que mon subside annuel reste insuffisant, je dois naturellement simplifier mes sollicitudes en comptant sur tout ce qui m'a été positivement annoncé. Chez tout autre homme, on trouverait étrange que cette réflexion si simple ne se fût pas présentée spontanément.

Je n'ai reçu jusqu'à présent aucune nouvelle de M. Lucas. Toutefois j'espère qu'il ne refusera point la juste réparation que j'ai dû lui demander. Son usurpation est d'autant plus grave que le cas proposé ne présentait réellement aucune urgence qui empêchât de me consulter. Aussi l'a-t-il caché à M. Lefort, quoique la visite de celui-ci ait eu lieu plus d'un mois après. Ma lettre dissipe d'ailleurs toute difficulté pour de semblables occasions, en indiquant ma résolution de nommer un délégué spécial envers chaque consécration suffisamment motivée. Toutefois, l'expérience même qui vient d'avoir lieu m'interdirait de désigner un substitut fixe et général, qui, bientôt, prendrait aux yeux du public lyonnais un caractère sacerdotal, sans pourtant ~~remplir les conditions indispensables~~. Aussi déclarai-je à M. Lucas que j'aurais soin de changer le délégué propre à chaque consécration, afin de prévenir toute méprise sur ce grave sujet. Tout notre avenir social dépend du scrupuleux maintien de la hiérarchie propre à notre sacerdoce, et je dois être, surtout au début, inflexible sur ces conditions fondamentales, sans lesquelles nous serions prochainement envahis par les déclamations, d'abord honnêtes, puis hypocrites.

M. Littré s'est exécuté convenablement quand

ma lettre du 20 septembre lui a signifié que je cessais de le prendre pour intermédiaire envers le payement trimestriel de Mme Comte, et que je devenais, dès ce jour même, le directeur unique de ma souscription, sauf tous les centres partiels qui pourraient être convenables. Il n'a rien répondu sur le premier point. Quant au second, il m'a, sans aucune récrimination, aussitôt envoyé l'argent qu'il avait à moi, et la liste des sommes reçues par lui depuis le 1er janvier dernier, avec indication des noms et adresses, afin que je puisse suivre aisément cette gestion immédiate, comme je l'ai fait déjà par l'envoi de tous les reçus convenables.

...Cette conduite a diminué ma juste irritation initiale envers M. Littré. Je ne parlerai nullement de lui dans ma circulaire de janvier prochain, où je motiverai le changement survenu dans l'administration de ma souscription sur le seul besoin de connaître à tout instant sa situation, depuis que ce subside annuel constitue mon unique ressource matérielle, et surtout tant qu'il demeure insuffisant. Vous savez, en effet, que, longtemps avant cette rupture, j'avais projeté, par ce motif, de retirer à M. Littré la gestion de la souscription. Ainsi, je n'aurai plus à m'occuper publiquement de lui avant d'écrire, en mai 1853, la préface de mon troisième volume. D'ici là, j'ai le temps de décider avec calme si je dois m'y borner à l'explication des dissidences politiques ou porter enfin un *jugement* complet sur M. Littré. Je suis déjà tout disposé à entendre là-dessus les conseils convenables de mes vrais

amis, en me réservant d'ailleurs toute la décision, sous ma responsabilité.

Salut et fraternité.

AUGUSTE COMTE.

10, rue Monsieur-le-Prince.

X

Mon cher Monsieur de Cappellen,

Je ne puis pas attendre plus longtemps l'intervention exceptionnelle sur laquelle j'avais trop compté
pour transmettre à temps au tzar les livres et la
lettre que je lui destine. Si l'envoi de celle-ci tardait
davantage, je ne pourrais pas l'imprimer convenablement dans la préface du volume que je fais
maintenant, et qui sera, j'espère, publié vers la
mi-juillet. Me voilà donc forcé de recourir, faute
de mieux, à la voie officielle, en envoyant mon
paquet par la légation russe. Comme vous en
connaissez personnellement le chef, je vous prie de
lui remettre vous-même mon envoi, dont vous lui
déclareriez franchement la nature et la destination.
J'y joindrais un billet pour ce personnage diploma-
tique, où je l'informerais directement de mon
intention d'écrire, par la poste, au tzar, un mot
destiné seulement à l'avertir d'un tel envoi, quand
la légation l'aura reçu. Au fond, de semblables
communications sont trop naturelles et doivent être

trop fréquentes pour ne pas pouvoir s'accomplir ainsi, surtout envers un souverain qui ne souffrirait pas qu'on le frustrât d'aucun paquet. En tout cas, je n'ai pas d'autre voie, et je regrette qu'une confiance exagérée m'ai fait autant retarder l'emploi de celle-là, qui sera facilitée par votre assistance.

Tout à vous,

AUGUSTE COMTE.

10, rue Monsieur-le-Prince.

Jeudi 13 Archimède 65.

XI

Paris, le mardi 24 Dante 66.

Mon cher Monsieur de Cappellen,

Ce billet vous sera remis par le jeune Dr Allman, professeur de mathématiques, un des dignes membres du précieux foyer que nous possédons en Irlande. Venu pour fraterniser avec les positivistes du continent, il trouvera réunis en vous ceux de France et de Hollande. Pouvant vous entretenir dans sa langue, il développera mieux la plénitude de ses convictions et la sincérité de son dévouement. Je le recommande à Mme de C... en tant qu'elle pourra surmonter la difficulté qu'il éprouve à causer en français : ce qui, j'espère, ne le

privera point de la satisfaction d'apprécier le type
des dames positivistes.

Tout à vous,

Auguste Comte.

10, rue Monsieur-le-Prince.

XII

Paris, dimanche 1ᵉʳ Gutenberg 66.

Mon cher Monsieur de Cappellen,

Ma présente disponibilité me permet de vous
renvoyer, après l'avoir scrupuleusement lu, le manuscrit que vous m'apportâtes hier, et qui, malgré
son volume apparent, ne m'a pas pris plus de deux
heures.

Dans son état actuel, ce travail ne comporte
aucune publicité. Je suis pourtant heureux de l'avoir
lu. Car, il offre une précieuse confirmation, non
seulement de la réalité, mais aussi de l'opportunité
de la doctrine capable d'inspirer les nobles sentiments et les profondes convictions qu'il manifeste.

Le vague et la confusion qui s'y trouvent ne
doivent pas être uniquement imputés à d'insuffisantes préparations scientifiques. Il faut surtout les
attribuer au milieu protestant, d'où dérive sa
principale hérésie, consistant à vouloir fondre
l'Humanité dans Dieu.

Sous l'impulsion des croisades, le catholicisme

tendit spontanément à se transformer en positivisme, d'après la prépondérance croissante de la Vierge sur Dieu. Le protestantisme vint briser cette initiative du cœur en suscitant la révolte de l'esprit. Non moins rétrograde qu'anarchique, il a reporté sur Dieu la préoccupation qui commençait à se diriger vers la suave précursice de l'Humanité. C'est seulement parmi les Occidentaux préservés du pro-testantisme que le mouvement du moyen âge a pu se prolonger, et là même les réactions négatives l'ont gravement altéré. Tel est le seul culte inter-médiaire qui puisse historiquement faciliter le passage du catholicisme au positivisme mais uni-quement chez les Méridionaux.

Cette grave erreur n'empêche point l'utilité que le manuscrit doit offrir à son auteur en fortifiant ses convictions. Il serait à souhaiter que tous les vrais positivistes accomplissent une semblable étude, quand même ses résultats ne devraient jamais devenir publics. Mais, outre cette efficacité person-nelle, un tel travail comporterait une utilité géné-rale, envers les âmes placées dans une situation analogue à celle de l'auteur. Un milieu sceptique doit être involontairement affecté par le spectacle, heureusement contagieux, de cette foi pure et pro-fonde, dont les déviations même constatent sa spontanéité. Toutefois, il ne faudrait publier cet opuscule que sous le titre de *Réflexions synthétiques,* comme un recueil de pensées détachées, avec le numérotage usité, pour éviter les vains efforts qu'exigerait l'incohérence qu'il présente.

Si cette résolution est adoptée, l'auteur devra d'abord l'ajourner jusqu'au suffisant examen de mon prochain volume, qui, le plus systématique de tous, permettra de compléter et de perfectionner cette collection, après en avoir écarté les redites. Mais je dois finalement recommander de ne point publier cet opuscule sans que l'auteur y soit ouvertement nommé, pour qu'un écrit destiné surtout à faire connaître et respecter le positivisme ne devienne pas formellement contraire à l'une de ses prescriptions les plus usuelles. Ne devant rien écrire l'an prochain, j'offre de relire convenablement ce manuscrit quand il sera complété suffisamment et rédigé sous la forme normale.

AUGUSTE COMTE.

P.-S. — Le meilleur mode, pour faire connaître à l'auteur le résultat de ma lecture, consiste à lui transmettre cette lettre par l'entremise de M. de Constant.

XIII

Paris, le samedi 27 Bichat 6⁻.

Monsieur et cher disciple,

Je viens de terminer mon année de chômage par le testament promis à la fin de mon principal ouvrage : Je l'ai remis lundi 24 décembre, à M. Laffitte, son perpétuel dépositaire. Vous ayant

choisi pour l'un de mes treize exécuteurs testamentaires, je vous invite à prendre, chez M. Laffitte,
connaissance de cette pièce, afin que vous puissiez
sciemment décider si vous acceptez ou refusez un
tel office. En cas d'acceptation, vous aurez ensuite
la faculté de copier cette pièce, à votre seul usage.

Tout à vous,

AUGUSTE COMTE.

(10), *rue Monsieur-le-Prince.*

XIV

A Monsieur DE CAPPELLEN.

Paris, le jeudi 10 Homère 68.

Mon cher disciple,

Votre excellente lettre d'avant-hier me fait sentir
le besoin de vous témoigner combien je suis touché,
soit de votre digne résolution envers l'importante
proposition que je vous ai faite, soit du noble
langage dans lequel vous m'annoncez votre résolution.
Je reconnais aussi que, suivant mes prévisions,
votre éloignement passager du centre régénérateur
n'altère nullement vos convictions et vos sentiments,
dont il tend même à mieux manifester le prix par
des réflexions plus calmes et d'après le contraste
résulté d'un milieu réfractaire.

La plénitude et la pureté de vos dispositions à

regarder le perfectionnement moral comme la principale affaire de chaque positiviste me procurent une confirmation très précieuse de, l'opportunité de notre religion. Un tel langage est moins décisif chez un théoricien, où l'on peut toujours craindre la tendance à faire sur ce thème des discours ou des livres d'après la triste faculté que développent les habitudes littéraires, d'exprimer des opinions, et même des sentiments sans en être vraiment pénétré. Quand un noble praticien dépourvu de toute prétention théorique, comme vous et vos dignes amis MM. de C... et de S..., sent, aussi profondément qu'au moyen âge, l'importance journalière de la culture morale, on peut croire que la révolution moderne tend réellement à se terminer. Ce qui vous manque à cet égard, malgré les progrès déjà réalisés depuis sept ans que je vous observe, s'accomplira d'autant mieux que vous sentez davantage votre imperfection. Dans la maladie morale qui tourmente plus ou moins tous les Occidentaux, et dont les meilleurs positivistes ne sont point assez guéris, on ne peut regarder comme incurables que ceux auxquels échappe la conscience de leur état.

Aspirant à régler, au nom de l'Humanité, la vie réelle, tant privée que publique, les positivistes doivent, plus que d'autres, améliorer d'abord leur existence personnelle, surtout quant aux sentiments. Le besoin qu'ils viennent satisfaire est spontanément reconnu partout, et l'aptitude privilégiée de leur doctrine envers une telle destination ne saurait être sérieusement contestée. Il ne leur manque donc, pour obtenir un ascendant bientôt irrésistible, que de constater, par leur propre régénération, surtout morale, l'efficacité de la solution qu'ils veulent faire dignement prévaloir, et qui ne peut habituellement devenir appréciable que d'après une telle épreuve.

Ces réflexions m'ont spécialement conduit à vous prouver aujourd'hui le profond intérêt que vous m'inspirez, en vous proposant une résolution directement propre à concourir au perfectionnement moral dont vous êtes dignement préoccupé sous l'assistance continue de votre admirable compagne. Les loisirs de votre vie actuelle vous ont dû faire péniblement sentir, surtout depuis l'hiver, la lacune résultée du défaut d'occupation réglée et permanente. On y supplée mal par les travaux corporels dont l'insuffisance et même le danger, furent déjà sentis chez les dignes catholiques. Il vous manque une occupation intellectuelle qui, tout en remplissant votre temps, en régularisant vos habitudes personnelles, puisse se lier à vos aspirations sociales. Toutes ces conditions me sembleraient heureusement satisfaites si vous entrepreniez, pendant les quelques années où vous serez encore absent de Paris, une étude sérieuse de la langue chinoise, afin de bien apprécier la civilisation correspondante, que les vrais positivistes peuvent seuls juger, au milieu des documents confusément accumulés par le prosélytisme chrétien et l'avidité mercantile.

Il suffirait à la curiosité vulgaire que cette langue soit plus répandue qu'aucune autre, étant usitée chez le tiers de notre espèce, au moins dans des modifications secondaires. Elle est d'ailleurs recommandable par son contraste radical, tant phonique que graphique, avec tous les idiomes humains. Mais ces motifs seraient insuffisants pour décider un positiviste à s'y livrer assidûment, s'il n'y pouvait joindre un profond intérêt social, et même une liaison spéciale avec l'avénement prochain de la doctrine universelle dont il est justement préoccupé.

Mon année de chômage s'est récemment terminée, avant d'écrire mon testament, par une revue générale de la planète dont j'ai désormais à systématiser l'avenir. En l'explorant de l'ouest à l'est, j'ai successivement dirigé mes lectures, à partir du type occidental, sur l'Asie islamique, l'Inde, le Tibet, la Chine et le Japon, plus une dernière station chez les fétichistes de l'Océanie. Dans cette revue, mon attention a spécialement distingué la civilisation chinoise, envers laquelle les Indous eux-mêmes sont des Occidentaux, aussi bien socialement que géographiquement. Comparée à l'Inde où le caractère consiste dans la théocratie polythéique, la Chine se distingue par une théocratie fétichique, qui serait mieux nommée *fétichocratie*. Le fétichisme s'y trouva, sous un concours spécial de circonstances sociales, systématisé de bonne heure autant qu'il puisse l'être jusqu'à sa prochaine incorporation au positivisme.

Depuis que j'ai commencé (le 1er février) le grand ouvrage dont ma récente circulaire promet la première partie pour octobre, mes sympathies chinoises se sont spécialement développées. Car, je suis maintenant occupé, dans l'introduction de ce volume, à systématiser la combinaison finale entre le fétichisme et le positivisme. Je sens ainsi que la Chine *fétichocratique* attend, depuis beaucoup de siècles, comme et plus que l'Inde théocratique, la religion universelle qui devait surgir en Occident. Le sacerdoce de l'Humanité doit y trouver des affinités spéciales de culte, de dogme et de régime, plus prononcées que partout ailleurs, d'après l'adoration des ancêtres, l'apothéose du monde réel, et la prépondérance du but social. Il appartient au Positivisme d'être accueilli par les Chinois d'après les mêmes motifs qui leur firent justement repousser les contacts chrétiens ou même musulmans. Mais cela suppose que l'attention des positivistes s'est convenablement fixée sur cet immense milieu, par suite des études spéciales de quelques-uns d'entre eux, seuls capables de comprendre et de modifier une civilisation jusqu'ici inconnue en Occident. Voilà donc où doivent se diriger, plus que vers l'Inde, les explorations philologiques, à l'aide desquelles, sous l'inspiration de notre doctrine, peut être dignement appréciée cette notable partie de la population humaine, qui va d'ailleurs se trouver bientôt mêlée à toutes les autres, même politiquement. Tels sont les principaux motifs de ma proposition qui ne vise point à vous convertir mal à propos en tardif sinologue, mais en positiviste employant de nobles loisirs à l'exploration d'une race intéressante et mal connue, jusqu'ici pillée, tracassée, ou même empoisonnée, par les Occidentaux, sans leur avoir jamais fait aucun tort.

Quoique vous ne deviez pas écrire une ligne par suite de ces études, votre exemple et votre contact suffiraient pour que l'église régénératrice prît convenablement possession de cette partie essentielle de ses attributions normales.

Outre ces motifs, votre heureuse habitude de l'italien pourra donner plus d'intérêt à votre judicieuse étude du chinois, en dirigeant spontanément vos méditations vers la langue universelle, que je crois devoir finalement surgir de l'idiome de Dante, de l'Arioste et de Rossini, d'après les réactions qu'il subira de ses contacts avec tous les autres. Son aptitude à se les incorporer se trouverait pleinement constaté si vous la sentiez dans le courant de votre exploration, envers le langage le plus radicalement différent. Puisqu'on a sérieusement proposé le mariage hétérogène entre l'anglais et l'indoustani, nous pouvons raisonnablement examiner si l'italien et le chinois sont réellement inconciliables, comme on le suppose sans examen.

Quant aux difficultés d'exécution d'un tel projet, je pense que vous êtes assez dégagé des préjugés classiques pour ne plus croire à la *grammaire,* plus vaine que la *rhétorique,* comme celle-ci l'est davantage que la *logique,* que pourtant nous jugeons radicalement creuse. Il s'agit ici de procéder, non en prétendu théoricien, mais en judicieux praticien, comme si nous voulions apprendre l'espagnol avec un dictionnaire et quelque intéressante composition originale, comme les Chinois en possèdent beaucoup, surtout pour les romans et les livres de

morale, mais sans employer aucune assistance
pédantesque, écrite ou verbale. Malgré des préven-
tions empiriques, on ne saurait croire qu'une langue
actuellement commune à deux ou trois cents millions d'habitants soit vraiment d'une acquisition
difficile quand on s'y prend bien, d'autant plus
qu'elle est très systématique. Enfin, vos antécédents
vous ont, je crois, procuré la connaissance spontanée du malais, qui forme une transition naturelle
entre le chinois et l'arabe. Tous ces motifs me
font espérer que ma proposition ne vous paraîtra
point étrange quand vous l'aurez assez examinée.

Tout à vous,

Auguste Comte,

10, rue Monsieur-le-Prince.

P.-S. — J'espère que vous n'avez jamais craint que
je pusse attribuer à l'indifférence, ni même à la
négligence, l'ajournement de votre cotisation au
subside positiviste : ma pleine connaissance de vos
embarras et de vos charges aurait suffi pour prévenir cette méprise, si déjà votre caractère ne m'en
avait directement garanti. Croyez aussi que je ne
me suis pas trompé davantage sur votre long
silence envers moi, dû seulement à vos scrupules
de dérangement, quoique la régularité de ma vie
me permette, jusque dans mes sessions de travail, de
toujours accueillir d'intéressantes communications
et d'y répondre à temps.

UNE LETTRE A M. WILLIAMSON

1849.

D'après l'original.

*A Monsieur AL^R WILLIAMSON, professeur de chimie
à l'Université de Londres.*

Paris, le lundi 15 Frédéric 61.

Mon cher Monsieur Williamson,

Votre lettre me fait craindre une grave méprise
au sujet de ma dernière explication sur votre conception politique. Ne pouvant vous exprimer en une
seule fois toute ma pensée à cet égard, je me
félicitais que l'ordre logique m'eût conduit à exposer,
dans mes deux premières lettres, ma réprobation
totale d'une telle vue quant au régime normal de
l'Humanité. D'après cette base, je n'ai pas craint de
susciter quelque méprise, en vous indiquant, dans
ma troisième lettre, une opinion beaucoup plus
favorable sur la même conception, rapportée seulement à la grande transition de notre siècle. Cependant, vous semblez aujourd'hui avoir regardé cette
dernière partie de mon appréciation comme une
sorte d'annulation volontaire de l'autre ; et, dans ce
conflit apparent, vous avez choisi, selon la coutume
humaine, le côté qui vous agréait le plus. Je m'étais
déjà réservé de revenir encore sur ce sujet par une
quatrième lettre, spécialement destinée à vous expliquer l'intime solidarité des trois précédentes, qu'il
faut admettre ou rejeter ensemble. En un mot, je
comptais vous faire sentir que le côté utile de

votre conception peut être tout à fait dégagé de la partie vicieuse, qui, au contraire, lui nuirait beaucoup. Mais la lecture de votre discours m'oblige à reprendre l'ensemble de la question par un examen plus décisif et plus étendu.

A la fin de la page 37, je vois que vous concevez l'Angleterre comme destinée à *gouverner le genre humain*. Or, comment avez-vous pu me croire, un seul instant, capable d'admettre une telle hérésie politique ? J'ose ajouter qu'elle ne trouvera jamais un seul adhérent sérieux hors de votre pays ; ce qui suffirait pour manifester l'impossibilité d'une domination que vous supposez fondée sur le libre assentiment. Les bienveillantes explications de votre dernière lettre ne concernent que vos purs et nobles sentiments. Mais cette annonce ne résulte d'aucun entraînement partiel ou passager. Elle semble, au contraire, en pleine harmonie avec tout votre discours, dont elle paraît former la principale conclusion.

Votre récente publication procure donc plus de consistance et de gravité à l'opinion que je combattis d'abord sur vos simples indications épistolaires. L'importance du cas me détermine à y consacrer aujourd'hui, dans notre cordial commerce, une sorte de petit traité spécial. Au début de votre carrière virile, vous me paraissez incliner vers une grave aberration qui compromettrait votre noble avenir. Je vous dois donc, comme votre chef spirituel, les avis et les explications propres à rectifier un choix aussi décisif, même au risque de vous déplaire d'abord, quoique vous connaissiez bien mes vrais motifs.

Mais avant de remplir ce devoir naturel, il convient de vous indiquer l'impression générale de votre discours sur nos confrères positivistes, dans notre soirée de mercredi dernier.

Quoique peu l'eussent lu, la plupart en connaissaient déjà la tendance et le caractère. Je puis vous assurer que, sans attendre vos récentes explications (que je leur lirai pourtant), tous ont cordialement apprécié vos vraies dispositions personnelles. Nul n'a craint que vous ne fussiez aucunement refroidi pour la sainte cause du prolétariat occidental, ni pour les croyances positivistes destinées surtout à la faire dignement prévaloir. M. Littré a justement signalé une lacune essentielle dans votre discours, d'après l'entière indétermination du régime final auquel vous rapportez les attributions respectives de l'Angleterre et de la France ; ce qui a dû laisser une profonde incertitude chez vos auditeurs et vos lecteurs. Lui-même a aussitôt reconnu que cette grave omission tenait, sans doute, à l'impossibilité de vous expliquer assez en une telle occasion. Tous vos confrères sentent que le milieu anglais vous interdit spécialement la plénitude d'exposition et la liberté de discussion qui n'existent encore qu'en France. C'est pourquoi vos politesses au protestantisme et à l'aristocratie ne nous ont nullement choqués, non plus que votre insuffisante appréciation du grand Descartes. On a généralement goûté les sincères élans de cœur que vous avez heureusement mêlés

à une austère exposition. Je n'ai pas pu m'empêcher
de citer, en français, cette charmante sentence, déjà
casée dans ma mémoire intime : *Chacun a assez de
bienveillance pour souhaiter d'en avoir davantage.* Toute
la réunion en a aussitôt apprécié la douceur et la
vérité.

Procédant maintenant à l'examen que je vous
dois, je déclare d'abord, avec encore plus d'énergie
que dans mes deux premières lettres, que votre
thèse principale, quant à l'état normal, me semble
radicalement fausse. Elle repose sur un emploi
trop empirique de la méthode historique, qui, ainsi
conçue, pourrait soutenir le pour et le contre
presque partout. Vous y avez confondu les différences collectives avec les diversités individuelles,
qui, en effet, se développent, tandis que les autres
s'effacent. A mesure que la grande évolution
s'accomplit, chaque nation tend de plus en plus à
représenter l'humanité entière. La plupart des diversités nationales tiennent surtout à des circonstances
locales, dont la civilisation diminue sans cesse
l'influence mentale et sociale. En appréciant les
passés de nos deux pays depuis le moyen âge, vous
n'avez pas assez compté le caractère révolutionnaire
de la longue transition moderne. Surtout, vous avez
trop méconnu le système passager d'isolement
national qui la distingue en Angleterre.

Quant à l'avenir normal, il y a erreur totale dans
votre manière de concevoir la division fondamentale
des deux pouvoirs, pour aboutir à des centres
distincts, qui seraient Londres et Paris. Le pouvoir

spirituel comporte seul, et même exige une entière condensation, afin de mieux se ramifier partout. Il devra finalement se résumer en un seul chef, comme au moyen âge ; et d'ailleurs c'est ainsi qu'il naît. Mais cela ne décide rien sur son siège local. Ce pouvoir n'est, par sa nature, ni français, ni anglais, ni espagnol, etc. ; il est occidental. Si Paris devient sa résidence habituelle, c'est surtout d'après la position centrale de la France. Mais cela n'empêchera pas que son chef suprême et ses principaux organes ne puissent souvent appartenir à d'autres parties de l'Occident, encore plus qu'au moyen âge. Il pourra même arriver, par suite des tracasseries temporelles, que ce pouvoir aille quelquefois résider à Londres, à Madrid, ou ailleurs, sans que son régime en soit aucunement altéré.

Il en est tout autrement dans l'ordre temporel, qui ne comporte jamais une semblable centralisation, d'ailleurs incompatible avec la juste indépendance du pouvoir spirituel. L'empereur occidental ne constituait, au moyen âge, qu'un débris empirique et perturbateur, émané du régime romain, et qui ensuite disparut, malgré le triomphe universel de la temporalité. Il n'y avait alors de vraiment occidental que le pouvoir spirituel. L'avenir doit encore plus offrir ce caractère naturel, sauf des combinaisons partielles et passagères pour des opérations communes. Certainement Leibnitz rectifierait aujourd'hui son utopie favorite d'un contraste systématique entre la papauté et l'empire. Ne croyez pas que la réorganisation moderne aboutisse à transporter entre Paris et Londres le conflit politique qui régnait jadis entre Rome et l'Allemagne. Le pouvoir temporel ne comporte qu'un degré de concentration, qui ne peut guère dépasser jamais l'enceinte des nationalités actuelles. Il y a même lieu de présumer, comme on le désire, que la présente centralisation diminuera beaucoup, surtout en France, à mesure que les liens spirituels dissiperont sa nécessité passagère, déjà devenue oppressive. Votre thèse principale est donc insoutenable sous cet aspect général.

Le point de vue spécial ne lui est pas plus favorable, d'après la nature industrielle de la nouvelle temporalité. Car, l'industrie pousse nécessairement à la dispersion des centres, tandis que la vraie science tend à l'unité. Le grand organisme est, à cet égard, comme le petit, où le système nerveux de la vie intellectuelle et morale se condense en un seul cerveau, tandis que celui de l'appareil nutritif se divise sous plusieurs ganglions. On ne peut pas seulement concevoir l'unité de centre dans l'agriculture occidentale, ni en fabrication, ni même, au fond, en commerce et en banque. A plus forte raison, l'unité générale de l'industrie européenne est-elle finalement contradictoire. La continuation de la paix, et la commune élimination graduelle du régime prohibitif, disposeront bientôt chaque élément occidental à préférer l'industrie qui lui convient le mieux. Alors cesserait spontanément la concentration factice que possède maintenant l'Angleterre après d'autres nations, quand même cette prépondérance ne serait pas auparavant dissoute par les commotions sociales. Il y a eu déjà de notables changements à cet égard, pour plusieurs industries importantes, depuis la paix occidentale jusqu'à notre république. Votre pays n'a qu'un seul genre de suprématie temporelle qui semble lui convenir naturellement, quoique la Hollande pût y prétendre aussi, c'est le système de colonisation, où les autres Occidentaux vous cèdent volontiers. Mais vous savez bien que ce système appartient plutôt au passé qu'à l'avenir. Il s'éteindra probablement avant la fin de la transition occidentale.

Votre thèse principale étant ainsi écartée, je reviens, comme dans ma dernière lettre, à la haute utilité actuelle que comporte son application politique, pourvu que vous la reconstruisiez sur des bases plus réelles.

La présente suprématie industrielle de l'Angleterre est un fait incontestable, quoique près de finir. Tant qu'elle durera, elle peut, comme toute autre force, être bien ou mal employée ; et nous sentons tous que son bon usage importerait beaucoup à la grande réorganisation occidentale. Vous savez que le positivisme s'attachant peu, surtout aujourd'hui, à l'acquisition primitive d'un pouvoir quelconque, ne s'occupe essentiellement que de son exercice effectif. Ainsi, sans examiner, dans le récent passé, si la prépondérance industrielle de l'Angleterre fut toujours obtenue dignement, nous l'acceptons en fait actuel, et tout disposés à bénir son bon emploi, encore plus qu'à flétrir le mauvais. Mais vous voyez que cela est fort indépendant de votre opinion sur la répartition matérielle des deux pouvoirs. Il est même très douteux que cette opinion soit finalement accueillie en Angleterre, malgré ce qu'elle y offre de séduisant. Car, en l'appelant au pouvoir temporel, elle semble l'exclure de l'autre. Or, quoique les Anglais actuels estiment trop peu la prépondérance spirituelle, ils ne sauraient y renoncer, après tant de justes titres résultés de leur glorieux passé.

En vous rapprochant davantage de la réalité, générale et spéciale, réduisez donc votre utopie au bon emploi occidental de l'incontestable prépondérance matérielle que possède aujourd'hui l'Angleterre. Vous ne faites ainsi qu'appliquer aux nations le précepte universel de la saine morale, envers les individus et les classes, sur l'usage social d'une force quelconque. L'Angleterre se trouve encore préservée, pour une demi-génération au plus, des agitations de la France. Conservant ainsi sa puissance artificielle, elle peut, pendant ce calme relatif, entraver ou seconder beaucoup la régénération commune, dont l'initiative et la direction appartiennent à mon pays, du libre aveu de tous les autres peuples occidentaux, sauf le vôtre. Le choix entre ces deux politiques importe extrêmement, mais encore plus à l'Angleterre qu'au continent. Si les Anglais persistaient à s'isoler de l'œuvre commune, elle s'accomplirait sans eux, et même, au besoin, malgré eux. Ils voulurent empêcher notre première révolution, qui finalement surmonta ce dangereux obstacle. Nous devons tous souhaiter, et peut-être espérer, qu'ils se conduisent mieux envers la seconde, où d'ailleurs ils peuvent beaucoup moins. Leur influence n'est guère maintenant que pécuniaire. Or, quoique l'argent suscite le pouvoir le plus immédiat, on peut y suppléer mieux qu'à tout autre, le nombre pouvant y compenser la richesse.

Vous avez donc conçu une grande et noble opération, encore plus utile à l'Angleterre qu'au continent, si, sans aspirer à une vaine domination, votre pays se décidait, sous votre impulsion, à intervenir dignement dans la crise occidentale, avec ses immenses moyens matériels. Il pourrait y corriger la stagnation industrielle inhérente à l'agitation sociale, en appliquant au continent une partie de ses capitaux surabondants. Par un subside beaucoup moindre, il pourrait seconder directement la réorganisation spirituelle, en favorisant généreusement les diverses opérations philosophiques propres à régénérer les opinions et les mœurs. C'est une belle tâche, pour votre carrière naissante, que de pousser votre pays vers cette salutaire politique.

Vous pouvez ainsi espérer d'y prévenir la propagation imminente d'une dangereuse agitation. Toutefois, ne vous faites pas illusion sur la possibilité de cette heureuse exception à la loi commune. Vos indépendants et niveleurs furent, sous le grand Cromwell, les vrais précurseurs spontanés de nos républicains et socialistes. Avertie par cet avortement d'une tentative trop précoce, votre aristocratie nobiliaire et cléricale constitua bientôt un habile

système de résistance hypocrite contre l'émancipation future. Elle se rattacha profondément la masse
des propriétaires, et contint les prolétaires par les
triomphes industriels, les préoccupations matérielles
et la dégradation théologique. Depuis l'essor décisif
de la grande révolution, elle s'est efforcée d'en
empêcher, à tout prix, l'extension britannique,
d'abord et surtout par la guerre, mais même ensuite
par la paix, en poussant davantage votre pays à la
conquête industrielle.

Il est donc peu probable que vos classes dirigeantes
se décident réellement à seconder l'ascendant conti-
nental des tendances socialistes et des croyances
positivistes. Ce serait, sans doute, leur meilleure
ressource pour éviter la propagation d'une crise
destinée à être là plus orageuse que partout ailleurs,
d'après un conflit plus radical entre les pauvres et
les riches. Mais il est, par cela même, fort incertain
que vous puissiez leur inspirer des sentiments assez
nobles et des vues assez larges pour changer ainsi
leur longue routine. Il suffirait de citer, à cet égard,
le triste symptôme résulté du succès local de Mal-
thus, encore plus honteux pour l'Angleterre que ne
le fut, pour l'Italie, celui de Machiavel. Tout me
dispose à craindre que vos prolétaires ne soient
indéfiniment regardés, par vos riches et vos lettrés
actuels, comme de purs *mechanics*, voués à une
existence automatique, et indignes de toute influence
sociale, destinés, en un mot, à être exploités
et non servis. Si cette immorale disposition prévaut même là où l'aristocratie a le plus déchu,

comment cesserait-elle spontanément là ou la noblesse a conservé l'ascendant et s'est mieux rallié les chefs industriels, en les séparant davantage des ouvriers ? Malgré la fraternité catholique, vous savez que les prolétaires, même espagnols, doivent révolutionnairement saisir le pouvoir temporel, pour diriger dignement la transition finale. Comment une telle nécessité serait-elle évitable là où l'égoïsme industriel et l'individualisme protestant ont le plus vicié les classes dirigeantes, qui d'ailleurs y conservent plus de force ? Je désire beaucoup qu'elles soient assez sages et assez généreuses pour comporter bientôt une transformation qui leur éviterait, comme à tous, d'immenses catastrophes. Mais une appréciation approfondie ne vous permettra guère plus qu'à moi ce précieux espoir.

Vous rentrez dans un milieu qui vous fut jusqu'ici peu familier. Il est donc naturel que vous formiez encore le noble vœu de sa paisible régénération graduelle, dont vous sentez dignement l'importance nationale et occidentale, sans pouvoir en mesurer assez les obstacles spéciaux. Mais vous ne tarderez pas à déplorer vous-même le poids personnel du système d'hypocrisie, rétrograde ou stationnaire, qui prévaut là plus que partout ailleurs. Alors, loin d'attendre un progrès calme, vous éprouverez ce généreux besoin d'agitation sociale que John Mill lui-même m'exprimait, il y a huit ans, quand il lui restait encore un peu d'énergie, dont j'avais à contenir la déviation, en lui remontrant que les convulsions françaises devaient suffire à tout l'Occident. Mais, tant que votre espoir actuel subsistera, il peut vous soutenir dans vos nobles efforts, pourvu qu'il ne vous rapproche pas trop des riches et des lettrés. Sous cette condition permanente, vous pouvez d'ailleurs espérer que de tels efforts serviront, en tout cas, à adoucir et abréger la crise qu'ils n'auront pas pu empêcher.

Votre position correspond ainsi à celle où je me trouvai, il y a dix-neuf ans, en élevant ma libre chaire positiviste pour les prolétaires. Je conseillai alors à nos classes dirigeantes d'utiliser l'intermittence qu'allait offrir, pendant quelques années, la fièvre révolutionnaire pour adoucir ses accès ultérieurs, surtout en favorisant l'instruction positive du peuple, afin d'y discréditer les jongleurs et les utopistes. Si l'on eût écouté mes avis, on s'en trouverait mieux aujourd'hui. Mais, en les proclamant, j'avais, au fond, peu d'espoir qu'ils prévalussent dans un milieu égoïste et routinier. Ne vous flattez pas d'un meilleur succès en un cas encore plus défavorable, malgré les douloureuses leçons de l'expérience. Vous pouvez l'augurer déjà par la froideur qu'y trouve le positivisme depuis que son caractère social est assez prononcé, tandis qu'il y fut bien reçu tant que vos meneurs n'y cherchèrent qu'un heureux essor philosophique de leur émancipation personnelle.

Notre vrai public, là comme ici et partout, consiste certainement dans les prolétaires. Mais chez vous ils n'ont pas encore pris la parole, et même ils ne savent point l'entendre. Néanmoins, vous êtes assez jeune pour devoir espérer que votre principal essor leur sera directement adressé. Jusqu'à leur suffisante émancipation, c'est surtout des divers contacts avec leurs camarades occidentaux que dépendra leur initiation graduelle. En l'attendant, continuez de vous adresser à leurs dominateurs, sans perdre l'espérance et le désir d'obtenir un meilleur auditoire pour votre noble mission positiviste.

A ce public provisoire, prêchez, comme épreuve décisive, de sa vocation occidentale, une loyale renonciation aux diverses usurpations de l'Angleterre sur la juste indépendance des autres populations d'élite. Je ne parle pas ici du système colonial, où la France doit donner un noble exemple en rendant l'Algérie suivant ma constante invitation. Mais j'ai surtout en vue des oppressions encore plus graves et moins excusables, où l'on traite des Occidentaux en sauvages colonisables. Rien ne peut motiver, entre autres, l'odieuse usurpation de Gibraltar, dont la fierté espagnole est si justement blessée. Ce serait une dérision ou une illusion de prétendre que l'Angleterre garde seulement cette frauduleuse conquête pour mieux servir l'Humanité, qui, avant tout, exige le respect mutuel de ses divers organes. Sondez donc, sur ce point délicat, l'opinion publique de votre pays, où plutôt des classes qui le dominent encore. L'heureuse assertion de M. Congreve vous permet un espoir qui vous conduira toujours à constater, dans un sens quelconque, les vraies dispositions occidentales de vos lettrés et de vos riches. Cette expérience décisive semblerait même devoir réussir, d'après la critique locale des tendances anti-françaises attribuées à votre discours. Mais, ne vous y trompez pas, il n'y a là, au fond, aucune vraie sympathie pour nous. Ce sont seulement vos conservateurs qui cajolent nos bourgeois, comme leur unique rempart contre l'imminente propagation du socialisme. Vos confrères positivistes savent très bien que, malgré quelques boutades, motivées peut-être par des propos puérils, vous aimez mieux la France et la connaissez davantage que les défenseurs intéressés qu'elle trouve aujourd'hui contre vous dans le journalisme anglais.

Revenez à des épreuves plus décisives, en invitant noblement votre pays à de justes et urgentes restitutions. Nous avons récemment appris, avec une vive douleur, que votre gouvernement vient de déployer, envers les insurgés ioniens, une rigueur équivalente à celle qu'il reproche à l'Autriche contre les Hongrois. Ce triste symptôme ne vous promet donc pas un succès facile ni prochain. Mais, outre la raison et la morale, le temps est pour vous, ainsi que la secrète sympathie de vos prolétaires affaissés. Loin d'avoir rien gagné à cette fastueuse extension de la domination anglaise, elle n'a servi surtout qu'à consolider leur oppression intérieure. Cette politique remonte chez vous au quatorzième siècle, comme le sentit dignement votre historien philosophe, mieux apprécié ici que dans son pays. Il remarque expressément que l'invasion de la France fut alors conçue et poursuivie comme un moyen de détourner les Anglais de toute grande amélioration sociale. Vos lords, spirituels et temporels, assistés de vos lettrés et de vos riches, en sont restés à cette politique, en y remplaçant, selon les exigences modernes, l'usurpation militaire par la conquête industrielle. Je souhaite, sans beaucoup l'espérer, que vous puissiez les amener à une marche plus sage et plus noble. Mais tendez surtout à invoquer, le plus tôt possible, le prolétariat anglais, dont les positivistes du continent sont obligés provisoirement de suppléer l'intervention. Il y a là une immense carrière, digne de votre jeune courage, assisté de tous ceux qui sauront vous y apprécier.

Cette cordiale explication, bien méritée par l'importance du cas, me conduit moi-même à mieux concevoir la vraie théorie des missions positivistes dont vous m'offrez le premier exemple complet, et peut-être le plus difficile. Pour votre pays, vous devenez ainsi le meilleur représentant national du positivisme et du socialisme. Mais, pour nous, positivistes et socialistes du continent, vous serez désormais le meilleur organe des vrais progressistes anglais. C'est à vous qu'il appartient de concilier toujours ces deux caractères, qui ne sont nullement incompatibles, mais dont le suffisant accord exige pourtant quelques soins habituels de cœur et d'esprit. Ils doivent être surtout dirigés par cette règle générale des missions positivistes : les concessions locales ou temporaires n'altéreront point, ni même ne dissimuleront jamais les dogmes fondamentaux. Sous cette seule condition invariable, le missionnaire doit rester l'unique juge, moralement responsable, des modifications qui conviennent au succès national de la foi commune. Peut-être aurai-je bientôt à appliquer ce principe envers d'autres missions occidentales. Vous savez déjà que je l'ai d'abord introduit, depuis un an, pour la mission espagnole, quoique ses membres restent encore à Paris. Ce cas fut réellement le premier systématique; car la grande mission hollandaise avait été, deux ans auparavant, toute spontanée. Je dus alors conseiller, envers le catholicisme, tous les ménagements spéciaux qui seraient vraiment compatibles avec la nouvelle foi. Aujourd'hui, je fais, pour la mission anglaise, dont vous êtes le chef naturel, une équivalente opération au sujet d'autres dispositions locales. Respectez, et même employez, les préjugés britanniques sur l'universalité de la domination anglaise. Mais, avant tout, conservez intacts vos principes positivistes, en écartant toute illusion vicieuse, et d'ailleurs superflue, soit quant à l'avenir normal de l'Humanité, soit aussi quant à la nature et à la durée de cette prépondérance exceptionnelle, dont vous devez instituer le bon usage occidental, en vous adressant d'abord aux riches, jusqu'à ce que les pauvres soient disposés à vous comprendre.

Tout à vous,

Auguste Comte.

10, rue Monsieur-le-Prince.

LETTRE A M. A. LEBLAIS

1851.

Copiée sur l'original.

A Monsieur ALPH. LEBLAIS, au Mans.

Paris, le 15 Moïse 63.

Mon cher Monsieur Leblais,

J'ai été très touché de votre bonne lettre, quoique je l'attendisse plus tôt. Votre départ m'a fait vivement ressentir le regret, que j'avais déjà éprouvé souvent, de n'avoir pas eu avec vous de plus fréquentes relations personnelles, auxquelles je me suis, j'espère, montré toujours disposé. Puissent les nobles motifs de réserve et de modestie qui vous ont retenu ne pas entraver maintenant la correspondance que vous venez d'ouvrir, et dont j'attends une précieuse satisfaction mutuelle, pendant le temps que doit encore durer ce que vous nommez si bien votre exil! J'ai toujours apprécié beaucoup, sans vous l'avoir peut-être assez dit, la bonté de votre cœur et l'énergie de votre caractère. Quant à votre esprit, vous savez le cas que j'en fais depuis longtemps, et je me plais aujourd'hui à vous exprimer combien j'ai remarqué ses progrès. L'état de vague qui d'abord troublait l'essor de votre forte intelligence a pleinement disparu par suite d'une instruction plus complète et de méditations plus profondes. Il ne vous manque désormais qu'une direction de travail mieux déterminée, ce qui viendra naturellement aussitôt que vous aurez trouvé une digne participation spéciale à la construction décisive. Alors vous serez pleinement voué au sacerdoce du vrai Grand-Être que vous êtes si propre à servir dans son avènement définitif. L'indétermination qui vous est restée jusqu'ici sur l'ensemble de votre carrière (que vous savez toutefois devoir être essentiellement théorique) n'a rien de fâcheux à votre âge. Mais il est temps de vous fixer sur un plan de vie systématique, afin d'éviter désormais toute déperdition de force. Le mariage contribuerait beaucoup à ce résultat si important. Or, je crois que vous êtes éminemment propre à fournir un digne type du mariage sacerdotal. J'ai d'ailleurs la certitude que, en développant votre tendresse, il n'amortira point votre courage. Depuis votre départ, j'ai appris avec admiration, quoique sans surprise, quelle énergie vous avez déployée, sans aucune ostentation, dans votre noble lutte contre une injuste détresse, qui a vivement excité mes sympathiques regrets. C'est pourquoi je ne crains pas que votre caractère s'altère, dans aucune situation, par un excès de prudence.

Ce soir je lirai votre excellente lettre à nos confrères, et je suis persuadé qu'ils l'apprécieront comme moi. J'espère aussi qu'ils seront surtout frappés de ce que vous dites à la fin sur le besoin actuel d'un digne fanatisme. Un homme de cœur pouvait seul signaler à nos yeux d'esprit une telle nécessité. C'est bien là, en effet, ce qui manque le plus aujourd'hui, même aux positivistes. Nous sommes encore beaucoup trop raisonneurs, ou plutôt discuteurs, et pas assez dévoués. Quoique l'esprit ait enfin renoncé, systématiquement, parmi les nouveaux croyants, à sa dictature révolutionnaire, la routine anarchique lui laisse tenir les rênes. Ce n'est pas encore le cœur qui conduit. On ne sent pas assez, en un mot, que le *dévouement* doit remplacer la *dévotion,* sans quoi la seconde partie de la grande révolution ne remplirait pas son office essentiel et se perdrait en vaines dissertations. Je ne vois jusqu'à présent de dévouement que chez les prolétaires communistes, et peut-être même y est-il souvent mêlé d'orgueil et d'envie.

La date de votre lettre m'a indiqué l'innovation que vous avez ajoutée au calendrier positiviste. Elle complète fort bien votre heureuse consécration des jours de la nouvelle semaine. Cependant je ne crois pas encore devoir l'adopter, pour ne pas troubler la propagation de notre système de commémoration par une nomenclature qui n'est pas devenue indispensable. Mais je me réserve de le faire plus tard en vous nommant. L'opportunité viendra quand nous commencerons à pratiquer publiquement par quelques cérémonies périodiques. Alors, en effet, la fixité positiviste opposée à la mobilité chrétienne envers les dates hebdomadaires entraînerait de fâcheuses équivoques si nous conservions les mêmes noms. Le motif qui déjà m'a forcé de changer, dans la seconde édition, les noms des mois viendra ainsi pousser à changer aussi ceux des jours, et votre heureux complément trouvera sa destination. Jusque-là il me semblerait intempestif, et c'est la seule raison qui m'empêche de l'appliquer à la troisième édition, publiée probablement le mois prochain. Sans cela, je me sentais entraîné à l'y introduire.

Tout à vous,

AUGUSTE COMTE.

(*10, rue Monsieur-le-Prince*).

VINGT LETTRES A M. PAPOT

1851-1857.

D'après les originaux reçus par le destinataire et qui
sont la propriété de la Société positiviste.

A Monsieur PAPOT, membre de la Société positiviste.

Paris, le 10 César 63 (vendredi 2 mai 1851).

Monsieur et cher confrère,

Notre Société vient de décider que chaque membre fournirait immédiatement, selon ses propres convenances, ou *quinze francs,* ou *dix francs,* ou *cinq francs,* pour payer les publications déjà accomplies en 1851. Veuillez donc me faire parvenir, le plus prochainement possible, la cotisation que vous aurez choisie.

Salut et fraternité.

Le Président de la Société positiviste,

AUGUSTE COMTE.

(*10, rue Monsieur-le-Prince*).

II

A Monsieur PAPOT, professeur de mathématiques à Nantes.

Paris, 16 César 63 (jeudi 8 mai 1851).

Monsieur,

En recevant hier la valeur de votre mandat de *trente francs,* j'en ai réservé la moitié pour votre

prochaine cotisation positiviste, qui aura lieu probablement avant la fin de cette année, par suite de
nouvelles publications collectives. Nos usages cons-
tants, qui naturellement vous sont encore inconnus,
interdisent, en effet, de dépasser jamais le plus
élevé des trois taux indiqués, afin d'éviter une dis-
proportion excessive, qui ferait trop ressortir la
modicité des moindres contingents. Mais cette juste
convenance habituelle ne nous a point empêchés
d'apprécier dignement le zèle qui a déterminé votre
libéral envoi.

Outre cette annonce financière, votre honorable
lettre de dimanche m'inspirait trop d'intérêt direct
pour que je m'abstinsse d'y répondre spécialement.
Je suis très touché des nobles sentiments que vous
voulez bien m'y témoigner, et non moins satisfait
des progrès évidents qui s'accomplissent spontanément en vous, malgré vos troubles physiques
habituels. Cette lettre me prouve que vous sentez
convenablement le principal vice que je dus vous
signaler loyalement dans votre essor antérieur, pendant nos cordiales entrevues de septembre dernier.
Je puis donc insister aujourd'hui plus directement
sur le point fondamental de la réforme secrète que
vous avez si dignement entreprise et déjà même
heureusement avancée. Il concerne à la fois l'esprit
et le cœur.

Envers le premier, vous avez surtout besoin de
mieux sentir la véritable harmonie entre la raison
théorique et la raison pratique. Vous exagérez beaucoup le mérite de l'une, et vous appréciez trop peu

la valeur de l'autre. Les lois empiriques ne sont pas moins réelles que les lois rationnelles, et même leur application est plus sûre ordinairement. Seulement elles offrent une moindre généralité, et dès lors comportent moins de liaison. Mais, quand le praticien sait les restreindre aux cas convenables, elles suffisent à la plupart de ses besoins, qui sont essentiellement spéciaux, en tant que concrets. Le théoricien, dont les méditations sont naturellement moins réelles, n'a vraiment d'autre mérite propre que de s'élever aux vues d'ensemble, impossibles sans abstraction. Quand il manque de cette généralité, qui seule compense son insuffisante réalité, il dégénère en monstruosité académique, comme la plupart de nos savants spéciaux.

Si vous comparez ensuite le penseur pratique et le penseur théorique quant à leur marche caractéristique, vous trouverez que le premier procède surtout par induction et le second par déduction. Car, dans les cas qui comportent les deux sortes de lois, les lois *empiriques* ne diffèrent essentiellement des lois *rationnelles* qu'en ce qu'on y a induit ce qui aurait pu être déduit. Autrement, toutes les lois fondamentales devraient être qualifiées d'empiriques, comme ne pouvant qu'être induites, et surtout le dogme le plus fondamental de l'ensemble de la philosophie positive : c'est-à-dire le principe de l'assujettissement de tous les phénomènes réels à des lois invariables ; principe qui certainement ne résulte que d'une immense *induction* sans pouvoir être vraiment *déduit* d'aucune notion quelconque.

Or, une telle appréciation doit beaucoup tempérer l'orgueil du théoricien, en lui faisant sentir que le praticien *pense* autant que lui, quoique dans une autre direction, moins étendue mais plus synthétique. Si la déduction exige plus de force mentale, l'induction demande plus de *génie* proprement dit.

Tout en regrettant le défaut actuel de culture systématique qui entrave nos éminents prolétaires, il ne faut donc pas croire leur esprit incapable de s'approprier, à leur manière et suivant leurs besoins, les plus hautes notions de la nouvelle philosophie, sans les obtenir par une marche méthodique. Seulement en induisant là où il faudrait déduire, ils multiplient trop les lois distinctes, et par suite ils en restreignent les applications générales. Mais, pourvu qu'ils n'aspirent point à l'autorité systématique, ce vice altère peu l'intime réalité de leurs vues spéciales. Dans la vraie hiérarchie encyclopédique, les lois supérieures sont, en elles-mêmes, pleinement indépendantes des inférieures, sans quoi elles y rentreraient : seulement les premières ne fonctionnent que sous la constante prépondérance des secondes. Les résultats effectifs ne peuvent donc être systématiquement prévus que d'après cette subordination objective. Mais ils comportent empiriquement des prévisions directes, principal domaine propre à la raison pratique. Historiquement, les lois morales ont été ainsi ébauchées avant les lois physiques, dont pourtant elles dépendent assez pour que leur étude systématique ait dû s'instituer la dernière. Il en peut donc être de même dogmatiquement. C'est ce qui arrive journellement chez les femmes et les prolétaires dont la sagesse spontanée envers les plus grands sujets doit être respectée du vrai philosophe, quoique leur défaut de systématisation ne leur permette de soutenir heureusement aucune controverse prolongée.

Le volume que je vais publier en juillet vous éclaircira tout ceci, en établissant que la logique positive consiste surtout dans une intime combinaison entre la méthode *objective* (qui marche toujours du monde vers l'homme) et la méthode *subjective* (procédant de l'homme au monde). Quoique la première ait dû prévaloir jusqu'ici dans l'élaboration scientifique, elle ne convient pourtant que pour la préparation des matériaux. La vraie construction appartient toujours à la seconde, seule réellement synthétique. C'est donc à celle-ci que revient maintenant la suprématie normale; le règne provisoire de l'autre n'aura servi qu'à la régénérer, en rendant positive et relative son initiative directe, qui fut d'abord théologique et absolue. Une telle transformation résulte nécessairement de la fondation de la science sociale, qui organise le seul point de vue vraiment universel, aboutissant à la notion fondamentale de *l'Humanité*, autant subjective qu'objective par sa nature même. Vous verrez dans ce volume comment cette logique supérieure régénère toute la science proprement dite, même mathématique. Je l'y ai surtout appliquée à la systématisation de la biologie. Mon récent tableau cérébral vous en offre déjà un produit caractéristique. Quand vous aurez ainsi conçu la vraie logique, vous sentirez mieux comment les prolétaires et les femmes peuvent obtenir, par la voie subjective, des clartés qui ne vous semblent, par la voie objective, accessibles qu'après une longue et difficile préparation scientifique, indispensable seulement pour donner assez de consistance et de précision à leurs aperçus spontanés.

Ceci me conduit, en dernier lieu, à considérer sous l'aspect moral la grave aberration que je vous ai intellectuellement indiquée. En effet, la réaction du cœur sur l'esprit constitue la principale ressource propre à la méthode subjective pour s'élever directement aux plus éminentes doctrines. Du point de vue religieux, qui seul condense tous les autres, on peut réduire la différence des deux méthodes à l'ordre suivant lequel on combine les deux conditions pleinement indépendantes et pareillement nécessaires, d'où résulte la vraie religion, c'est-à-dire l'amour et la foi. La marche objective, qui vous semble encore seule admissible, consiste alors à s'élever de la foi à l'amour ; tandis que dans la marche subjective, on descend de l'amour à la foi.

Ainsi posée, la question devient, ce me semble, facile à résoudre pour tout homme de cœur. Quoique aimer ne dispense nullement de croire, c'est pourtant la première condition essentielle de la véritable unité. Surtout aujourd'hui, elle seule nous sauve de l'anarchie où nous pousse l'esprit. La foi réelle, c'est-à-dire scientifique, peut sans doute maintenant conduire à l'amour sincère quelques véritables philosophes. Mais c'est, au contraire, par l'amour que l'immense majorité des deux sexes peut être poussée à la foi. Les progrès inattendus que j'ai fait faire au positivisme depuis que mon cœur est régénéré par une sainte passion privée suffiraient pour constater cette heureuse aptitude à laquelle mon éminent collègue M. Littré doit maintenant ses plus beaux succès.

Sans insister davantage sur ce sujet intarissable, je termine cette longue et douce causerie en vous félicitant du zèle que vous témoignez envers notre *Revue occidentale*. L'importance que vous y attachez ne m'offre rien d'exagéré. Car c'est là maintenant la seule fondation essentielle qui manque au positivisme pour avoir assez organisé tous ses moyens d'avénement décisifs. Nous l'avons deux fois tentée, M. Littré et moi, d'abord en 1845 auprès de riches, et ensuite avec les pauvres en 1848. Ces deux essais préalables ont également avorté, par insuffisance ou de zèle ou de nombre. Le prospectus ci-joint vous donnera une idée des conditions matérielles que nous jugeons indispensables pour commencer cette grande fonction avec la dignité et l'indépendance qu'exige son efficacité dans un milieu qu'il faut régénérer au lieu de lui plaire. C'est encore le seul obstacle qui empêche d'inaugurer une telle institution hebdomadaire, dont tous les dignes coopérateurs se trouvent assez nombreux maintenant. Mais j'espère que nous parviendrons bientôt à surmonter cet obstacle honteux d'après le zèle dont vous offrez en France l'un des meilleurs types, et qui trouve en Angleterre, surtout en

Hollande, une extension très rassurante. Je viens d'ouvrir, avec les États-Unis d'Amérique, une heureuse relation systématique, qui nous promet à cet égard un prochain appui dans un milieu où le positivisme est déjà invoqué par tous les vrais conservateurs, comme le seul moyen normal de salut contre le socialisme anarchique (ou communisme). La rupture prononcée que j'ai solennellement accomplie, le mois dernier, à l'ouverture nouvelle de mon cours hebdomadaire, avec les rouges proprement dits, permet de prendre, sous ce rapport, la véritable attitude qui convient au positivisme, plus opposé réellement aux métaphysiciens qu'aux théologiens, autant en politique qu'en philosophie. En faisant cesser la sorte de fausse position qui semblait nous ériger en auxiliaires de nos principaux ennemis, cette attitude, désormais irrévocable, très goûtée de mon nombreux auditoire, nous rendra plus facile l'institution de la *Revue occidentale,* en y appelant le patronage des sincères amis de l'ordre aussi bien que les vrais zélateurs du progrès. Telle devait être l'attitude définitive du *parti positiviste,* qui vient ainsi écarter, comme également anarchiques et rétrogrades, tous les partis actuels, pour s'emparer systématiquement de la seconde révolution, qu'il peut seul terminer dignement, par une conciliation fondamentale entre l'ordre et le progrès.

Salut et Fraternité,

Auguste Comte.

(*10, rue Monsieur-le-Prince*).

P.-S. — Je saisis cette occasion de vous signaler une faute typographique aperçue trop tard dans mon *Tableau cérébral*. En décomposant l'activité, mon manuscrit portait $\left(\genfrac{}{}{0pt}{}{\text{courage}}{\text{prudence}}\right)$: l'imprimeur m'a fait dire : $\left(\genfrac{}{}{0pt}{}{\text{prudence}}{\text{courage}}\right)$. Cette transposition est d'autant plus grave qu'elle n'offre rien d'absurde. En effet ce serait la marche de l'activité réfléchie. Mais je voulais et devais caractériser l'activité spontanée. Quoique cette correction doive se trouver bientôt accomplie dans mon volume, je n'ai pas dû attendre ce moment pour l'indiquer à ceux que je sais disposés, comme vous, à méditer sur cet important tableau.

III

Paris, le mardi 13 Frédéric 64.

Mon cher Monsieur Papot,

Le moment est venu d'invoquer directement la généreuse intervention que votre noble confiance m'autorise à réclamer pour assurer le sort exceptionnel de la veuve anticipée envers laquelle notre Société positiviste doit maintenant instituer une vraie providence. Son malheureux mari vient d'être installé définitivement à Bicêtre, d'où, vraisemblablement il ne sortira que pour aller bientôt au cimetière. Cette indispensable mesure va permettre à Mme Francelle de reprendre avec elle son jeune fils

de quatre ans, qu'elle avait dû momentanément
éloigner. En réduisant son pénible travail quotidien
au degré raisonnable, afin de pouvoir élever son
enfant, cette femme gagnera facilement *un franc* par
jour sans nuire à sa santé. Nous devons pourvoir
au reste d'après une pension annuelle, payable par
trimestre et d'avance. Afin de couvrir le petit
arriéré résulté des embarras antérieurs, j'ai cru
devoir faire remonter jusqu'au 1ᵉʳ octobre 1852 le
début de cette pension, dont le premier trimestre
serait donc exigible immédiatement. Les trimestres
suivants devront s'acquitter dans le premier mois
de chacun d'eux, en sorte que je puisse remettre
à Mᵐᵉ Francelle le second trimestre avant la fin de
janvier prochain.

Quant au taux de cette pension, je l'avais
d'abord porté peut-être un peu trop haut en l'élevant jusqu'à 7 ou 800 francs, ce qui dépasserait,
sans doute, et les ressources de notre Société,
et même les modestes besoins de la jeune veuve.
D'ailleurs, je craignais alors que la séquestration du
malade ne dût occasionner quelque dépense, tandis
qu'elle se trouve entièrement gratuite. Je crois
donc que nous pouvons finalement nous borner à
5 ou 600 francs, qui, joints au petit gain journalier
de Mᵐᵉ Francelle, assureront assez le sort de cette
digne mère.

Dans cette manifestation initiale de la providence
positiviste, j'ai dû, comme exemple, m'engager
pour 100 francs par an, quoique ma propre
situation m'interdît un pareil taux si le cas se repro-

duisait encore. Mais les motifs exceptionnels qui m'ont déterminé n'ont de poids qu'envers moi ; de façon qu'aucune autre participation ne doit être aussi considérable : ce qui ne nous empêchera pas, j'espère, de réunir bientôt la somme voulue, sans sortir de notre Société. Si, toutefois, il y avait insuffisance, j'étendrais l'appel religieux jusqu'aux positivistes extérieurs.

La généreuse liberté que vous m'avez laissé à cet égard, me conduit à vous proposer *huitante francs* par an (ou plutôt *vingt francs* par trimestre pour votre coopération personnelle). Mais vous seul pouvez décider si cette indication doit subsister. Quel que soit le taux que vous fixerez, je vous prierai de m'adresser prochainement le premier trimestre, par un mandat sur la poste, ou suivant toute autre voie que vous préféreriez.

Tout à vous,

Auguste Comte.

(*10, rue Monsieur-le-Prince*).

P.-S. — Depuis votre départ de Paris, nous avons appris la récente formation d'un précieux foyer positiviste à Aix-en-Provence, dont l'impulsion paraît devoir bientôt s'étendre à tout le Midi.

IV

A Monsieur PAPOT, à Nantes.

Paris, le 22 Frédéric 64 (Jeudi 25 novembre 1852).

Monsieur,

Le payement du mandat contenu dans votre lettre de samedi n'a pas éprouvé la moindre difficulté. Voici les deux reçus qui lui correspondent. Je suis profondément touché des nobles sentiments que vous m'exprimez sur la pension exceptionnelle à laquelle vous prenez une part si généreuse. Ils me paraissent tellement caractéristiques que je compte lire cette partie de votre lettre à notre jeune veuve positiviste, afin de lui montrer le meilleur type des intentions qui déterminent tous les coopérateurs. Cette précieuse communication est très propre à la consoler et même à la fortifier, en relevant, à ses yeux, la dignité d'une telle intervention sociale.

Vous avez bien raison de regarder la vraie pierre de touche du positivisme comme consistant surtout dans le régime, pour lequel doivent être finalement institués le culte et le dogme. Mais cela ne doit pas conduire à méconnaître l'importance propre à la foi. Sans convictions fixes les meilleures natures ne comportent guère une pratique assez suivie, quand les cas se compliquent un peu. En même temps, la communauté de ces convictions est nécessaire à la formation de l'opinion publique, qui manque aujourd'hui faute de base dogmatique. Je crois donc essentiel de s'assurer de la plénitude et de la réalité de la foi de ceux qui se qualifieront de positivistes, aussitôt que le positivisme s'accréditera visiblement. Mais je ne les estimerai complètement que quand leurs œuvres seront habituellement en rapport avec leurs croyances, quoique celles-ci soient d'abord plus faciles à constater. Il faut considérer que la religion positive doit acquérir une entière universalité ; en sorte que la qualité de positiviste appartiendra finalement à tout homme, de manière à se trouver chez des êtres souvent inférieurs, et même vicieux. On doit se contenter alors d'être assuré que, quelle que soit l'imperfection effective de tels adeptes, ils valent mieux que s'ils étaient restés théologistes ou sceptiques.

Au reste, comme vous me parûtes jadis attacher une importance exagérée aux conditions théoriques, je ne regrette pas de vous voir maintenant tendre vers la disposition opposée. Car je sens bien qu'elle ne vous entraînera jamais à dédaigner gravement les garanties intellectuelles, malgré la juste prépondérance que vous attachez finalement aux actes habituels.

Je reconnais franchement que je me trompai quand j'annonçai que notre situation républicaine n'éprouverait jamais la moindre suspension, non seulement réelle, mais même officielle. Quoique cette erreur secondaire ne porte aucune atteinte aux théories sociologiques qui m'ont dirigé, son analyse peut devenir utile. Or, en l'opérant, je vois que ma faute de calcul consista surtout à me trop confier dans l'énergie du prolétariat parisien, qui me parut assurer à la république un rempart insurmontable, même quand la coupable folie du pouvoir irait jusqu'à faire voter sur l'empire. La déplorable phase que notre France va subir indique tristement un affaissement irrécusable, non dans les sentiments populaires, mais dans les volontés, d'après l'absence radicale de toutes vraies convictions sociales. C'est au positivisme à procurer le remède, en développant, chez la population d'élite, une foi politique non moins ardente et plus solide que celle qui lui fit, il y a soixante ans, accomplir tant de merveilleux efforts, en soutenant la république contre l'Europe et même la France.

Le changement qui va s'opérer doit, au fond, rester, pendant sa courte durée, purement *officiel*, sans que la situation républicaine puisse jamais cesser *réellement*. Du point de vue historique, on reconnaît que la royauté française fut irrévocablement abolie le 10 août 1792, après un siècle de putréfaction croissante. Malgré les illusions officielles, elle ne fut jamais rétablie ensuite, comme j'osai le proclamer, il y a dix ans, dans le tome final de mon livre fondamental. On peut assurer que l'hallucination actuelle sera la plus vaine et la moins durable de ces apparences théâtrales.

Elle ne saurait changer le fond de la situation qui s'est révélée en 1848. Seulement le vote des paysans français va faire croire au chef du gouvernement que son autorité devient inviolable et héréditaire, jusqu'à ce qu'une issue tragique dissipe cette fascination. Mais une telle décision n'a pas plus de force réelle que si le suffrage universel octroyait à ce personnage deux cents ans de vie ou l'exemption de la goutte. Les lois statiques et dynamiques de l'humanité ne s'altèrent point par de tels caprices, qui ne se lient nullement à des conditions réelles, ni même à de graves prestiges. Tel est le jugement que le positivisme inspire sur ce honteux incident d'une époque sans foi ; nous devons le proclamer nettement quand nous en serons vraiment requis : mais tant que durera le surcroît d'oppression, nous éviterons cette déclaration autant que cela se pourra sans diminuer notre dignité. Cette opinion est essentiellement admise par le seul sénateur qui ait voté contre l'empire. Il l'a directement exposé à son ancien élève, sans lui cacher la catastrophe personnelle qui lui semble devoir terminer bientôt la déplorable parodie qui va commencer.

Pendant cette suspension officielle de la république française, le positivisme peut faire de grands pas vers son avénement social, de manière à dominer l'opinion publique aussitôt que la réalité prévaudra. Car, nous allons ainsi devenir les seuls républicains véritables. Tous les autres vont se trouver paralysés radicalement d'après l'évidente inconséquence qui leur fera repousser ce triste résultat de la souveraineté du peuple, tout en persistant à fonder leurs prétendues doctrines sociales sur ce dogme métaphysique. Nous seuls, qui jamais n'admîmes l'égalité, pourrons alors être vraiment conséquents, en faisant toujours, au nom des lois de l'humanité, prévaloir le point de vue historique sur les vaines fictions de tous les partis qui veulent régir le présent sans connaître le passé pour comprendre l'avenir. L'aptitude exclusive du positivisme à concilier enfin l'ordre et le progrès sera fortement appréciée sous un régime où l'anarchie et la rétrogradation vont se trouver tellement combinées que le chef trônera officiellement, *par la grâce de Dieu et la volonté du Peuple.* Mais nous devons soigneusement tenir en réserve tous ces avantages pour les cas où nous serons forcés de nous expliquer sur la politique actuelle. Autrement, notre propagande doit être habituellement religieuse et morale, suivant le type de mon *Catéchisme,* où le présent est écarté devant l'examen de l'avenir déduit du passé. Les conflits de police pourront rarement nous troubler sur un tel terrain, qui peut nous procurer de grands succès. Occupons-nous donc surtout de prêcher ouvertement le positivisme comme une religion qui vient irrévocablement remplacer le catholicisme. Nul fanatisme contraire ne nous fera vraiment obstacle, non seulement quant au prosélytisme individuel, qui toujours restera possible, mais même pour les expositions collectives où l'auditoire ne dépasserait pas dix personnes, pourvu qu'on n'y traite pas la politique actuelle. Mais, sur ce dernier terrain, il faudra toujours répondre avec la fermeté convenable, lorsque nous ne pourrons pas l'éviter, ce qui surviendra plus d'une fois, malgré notre prudence habituelle.

Salut et fraternité.

AUGUSTE COMTE.

(*10, rue Monsieur-le-Prince*).

V

Paris, le 24 Archimède 65.

Mon cher M. Papot,

Je dois vous rappeler que, d'après la règle usitée, chaque coopérateur à la pension positiviste de Mme Francelle m'envoie son libre contingent pendant le premier mois de chaque trimestre, afin que je puisse remettre le tout à notre digne pensionnaire le dernier jeudi de ce même mois. C'est donc le jeudi 28 avril qu'elle recevra de moi son *troisième* trimestre, pour lequel j'attends votre part le mercredi 27, d'après un mandat sur la poste ou autrement, de manière à prévenir les graves inquiétudes que pourrait ici susciter le moindre retard ou décroissement inattendu.

Tout à vous,

AUGUSTE COMTE.

(*10, rue Monsieur-le-Prince*).

VI

Mon cher Monsieur Papot,

Voici le reçu correspondant au mandat contenu dans votre lettre du 20 avril. Quoiqu'elle me soit parvenue le surlendemain, j'ai dû retarder ma réponse jusqu'au seul jour de chaque semaine que je puisse, pendant mes sessions de travail, consacrer à ma correspondance. Car, je suis, depuis le début de février, fortement absorbé par mon troisième volume, dont je ferai commencer l'impression la semaine prochaine, afin qu'il paraisse en juillet. Quand il sera publié, je m'empresserai suivant votre demande de vous en expédier, par la poste, un des premiers exemplaires. Dès que j'ai lu votre lettre, je me suis occupé, le soir même, de la commission que vous m'y donnez. Par moi-même, je manque entièrement des relations propres à vous procurer le jeune professeur que vous désirez. Je ne puis ici vous servir directement qu'envers l'épreuve personnelle dont vous me parlez, et que je ferais certainement subir à celui qu'on m'offrirait, en l'examinant sérieusement une heure ou deux. S'il s'y refusait, cela seul devrait suffire pour l'écarter. Mais, quant au choix direct, où je ne puis rien, j'ai recommandé le cas à ceux de nos

confrères qui sont dans l'enseignement mathématique, et je suis certain qu'ils ne le négligeront pas.
Néanmoins, tous s'accordent à présumer qu'on ne
pourra trouver personne ici.

Je suis très touché de l'intérêt inaltérable que
vous inspire de plus en plus le positivisme, et surtout de voir que vous y trouvez un soulagement
habituel, qui ne pourra qu'augmenter à mesure que
sa conclusion religieuse vous deviendra pleinement
familière. Notre doctrine, quoique finalement destinée à tous, ne convient aujourd'hui qu'aux âmes
d'élite, très rares partout, et même dans le prolétariat français. Mais, du moins, nous pouvons
assurer que, réciproquement, elle leur convient
nécessairement, parce que, les ralliant par un grand
but digne d'elles, elle vient les relever de l'affaissement où les tient une anarchie mentale et morale,
qui ne fait, en aucun genre, fleurir que des médiocrités. Quiconque est vraiment supérieur, de cœur
ou d'esprit, ou même de caractère, se trouve maintenant comprimé par des natures inférieures, qui,
contenues dans les temps normaux, surgissent quand
le public devient, faute de principes, de guides, et
de calme, incapable de juger les valeurs personnelles, de manière à se laisser gouverner par des
gens nés pour monter derrière les voitures et qui
souvent s'installent dedans. Il n'existe de refuge
aux bonnes natures qu'une doctrine fournissant des
moyens décisifs d'appréciation et convoquant tous
les dignes au nom d'une situation qu'ils peuvent
seuls diriger. Nous pouvons donc compter sur leurs

sympathies spontanées, aussitôt que le positivisme leur sera connu. Or,. la même situation qui l'invoque en facilite la propagation, en suscitant partout les dispositions de cœur et d'esprit qu'elle exige.

On pense maintenant avec plus de force et de suite à toutes les grandes questions, surtout en France, qu'on ne put faire depuis 1789. Le silence des parleurs et la gravité de la situation disposent à la méditation solitaire, seule efficace pour se former des principes, et facilitent les communications privées, plus décisives que les cohues publiques. Aucun fanatisme populaire, ni même aucun système réel d'hypocrisie, ne venant empêcher cette double source de progrès mental et moral, la compression officielle y devient impuissante. Si, comme je l'espère, le calme continue, sauf le prochain orage,. le positivisme cheminera bientôt parmi les révolutionnaires honnêtes et les conservateurs judicieux. Chez ceux-ci surtout, les plus éminents commencent à sentir le positivisme à titre de seule garantie de l'Occident contre le communisme. L'ordre inspirant des sollicitudes plus nettes et plus fixes que le progrès, qui d'ailleurs est moins compromis aujourd'hui, je me suis trouvé plus charmé que surpris en apprenant le succès croissant du positivisme, non seulement philosophique, mais surtout politique, parmi les principaux conservateurs britanniques, qui croient avec raison y trouver un refuge assuré contre d'immenses bouleversements anglais s'ils changent à temps leur système de conduite. J'eus, à cet égard, le 24 février, la visite décisive d'un éminent baronnet, dont la pleine adhésion me fournit le type de celles qui nous viendront bientôt du même milieu. D'une autre part, la situation française pousse vers nous les révolutionnaires intelligents et consciencieux, quoique mal cultivés, qui doivent regarder le positivisme comme la seule doctrine vraiment républicaine, depuis que leur métaphysique vient d'engendrer *l'empire*.

Mais ces dernières affinités, malgré leur prépondérance numérique, resteront longtemps insuffisantes, faute d'une culture convenable. La situation actuelle est tellement précaire qu'elle ne laisse pas au positivisme le temps de pénétrer assez chez les républicains de sentiment avant l'orage qui terminera cette parodie officielle. C'est pourquoi je me suis efforcé d'améliorer leur empirisme sans exiger leur conversion, en leur proposant les trois mesures politiques les plus propres à dissiper les justes alarmes de la bourgeoisie en améliorant la prochaine crise assez pour écarter irrévocablement les *rouges*, qui sont, au fond, les seuls soutiens réels, quoique indirects, des tendances rétrogrades, toujours destinées à nous préserver de la pire des dominations, celle qui compromet l'ordre sans seconder le vrai progrès. Voilà le but de la petite circulaire ci-jointe, que je ne puis faire imprimer, mais que je laisse ici courir paisiblement, depuis sa date, après en avoir envoyé la première copie à M. Vieillard. Son objet serait manqué si j'avais le besoin de la commenter, puisqu'elle doit correspondre au progrès purement spontané que comporte aujourd'hui l'empirisme républicain. Je vous autorise pleinement à transcrire de nouvelles copies, pourvu qu'elles soient toujours *textuelles* et *complètes,* en y faisant seulement précéder ma signature du mot *Signé,* qui dispenserait du paraphe. En prenant cette initiative sous ma seule responsabilité personnelle, je ne crois commettre aucune imprudence réelle, d'après le privilège exceptionnel que m'a procuré, sous tous les gouvernements, la persistance d'une digne conduite systématique, pendant trente ans de vie publique. J'accomplis un acte décisif du vrai pouvoir spirituel en donnant ces *conseils urgents,* qui doivent être l'unique participation du positivisme à la prochaine crise, où nous devrons rester simples spectateurs, sans en attendre d'autre profit que le bénéfice commun d'une liberté de propagation qui désormais ne peut plus servir qu'à nos principes. Les positivistes devant ne jamais abandonner l'initiative, je leur conseillerai toujours l'inactivité politique quand ils ne pourraient intervenir que sous la direction d'un autre parti.

En vous recommandant cette circulaire républicaine, je ne dois pas vous laisser croire que j'en espère beaucoup de fruit. Malgré le récent échec des convictions métaphysiques, qui viennent de trahir la république en consacrant le *mamamouchat,* leur épuisement n'empêchera pas les meneurs de la prochaine crise de les invoquer de nouveau, puisqu'elles ne sont point remplacées. Je crains donc que l'orage n'aboutisse momentanément à la reproduction, non moins honteuse que funeste, de l'essai de 1848, qui, s'il allait jusqu'à quelques mois d'anarchie, provoquerait bientôt une nouvelle et plus intense rétrogradation, toutefois préférable au régime rouge. L'opinion publique est tellement arriérée, même chez les prolétaires parisiens, que mes trois *conseils,* qui pourtant sont indivisibles, y seront rarement goûtés ensemble. D'un autre côté, la situation *mamamouchique* est tellement anormale qu'on ne peut guère éviter un prochain orage, quelque désirable que fût son ajournement. Quelle que soit la prépondérance croissante qu'obtiendra nécessairement l'ordre désormais, jamais elle ne dispensera la France d'une garantie officielle du progrès. Or, cette garantie ne peut plus se trouver que dans le principe républicain, depuis que la royauté quelconque, perdant irrévocablement son privilège d'ordre, n'est plus ici que le symbole de la rétrogradation. Mais le principe républicain fournit, à cet égard, une sécurité suffisante, en un temps où les notions de progrès sont vagues et flottantes, même quand la dictature reste rétrograde, pourvu que cette attitude y soit motivée réellement par l'imminence de l'anarchie. Celle de 1852 pouvait durer longtemps : mais *l'empire* est une faute irréparable, qui constitue une impasse sans issue comme sans consistance.

Au fond, la tolérance publique ne résulte pas seulement du défaut de vraies convictions, ni de la disette correspondante de chefs acceptables. Elle tient, en outre, à ce que l'instinct universel sent confusément que la situation n'a pas un seul instant cessé d'être réellement républicaine, sans autre changement que celui de la forme, ou plutôt du titre et du costume. Mais ce simple changement, nullement motivé par les besoins d'ordre, qu'on s'est, en effet, dispensé d'invoquer là, suffit pour donner à la rétrogradation un caractère intolérable, qui ne permet guère d'ajourner, quoique mal préparée, la seconde, destinée à faire cesser le mensonge officiel. C'est la disposition qu'éprouvent ici tous les gens clairvoyants, même ceux qui, l'an dernier, rejetaient, comme invraisemblable, toute prévision de crise prochaine.

Tout à vous,

AUGUSTE COMTE.

(*10, rue Monsieur-le-Prince.*)

VII

A Monsieur PAPOT, à Nantes.

Paris, le 15 Charlemagne 65 (8 h. soir).
(Samedi 2 juillet 1853).

Monsieur,

Voici le double reçu correspondant à votre mandat d'hier, dont je prendrai la valeur, au bureau du Luxembourg, mercredi prochain, seul jour de mes sorties hebdomadaires pendant mes sessions de travail.

Comme vous l'avez dignement présumé, je n'ai pu, malgré l'assistance des professeurs positivistes, vous procurer l'adjoint que vous demandiez. Un jeune homme, que je ne connais nullement, s'est hier présenté chez moi pour cette mission, mais sans que je puisse le recevoir, vu ma grande élaboration. Il m'a laissé, conjointement avec une lettre de M. Michelet, un billet qu'il venait d'écrire dans mon antichambre, et que j'ai joint le soir à ma réponse au célèbre historien, qui vous le communiquera. Vous verrez ainsi que ce M. Joffroy ne se croit pas encore en mesure de subir l'examen que je vous ai promis, et qu'il ajourne après les vacances, afin de mieux approprier certains articles. Mais vous pouvez toujours compter sur ma cordiale disposition à vous rendre ce petit service, envers quiconque l'admettra.

Je vous remercie de m'avoir, par cet incident, procuré l'honorable visite de M. Michelet, que je croyais loin de sympathiser aucunement avec moi. Malheureusement, il est venu mardi, jour de travail, où je ne pouvais recevoir personne que le soir, de 7 à 8 heures. Le jeudi reste la seule journée dont je puisse pleinement disposer pour mes entrevues et ma correspondance, tant que j'écris mes volumes. Informé de cette règle, M. Michelet avait promis à Sophie de revenir avant-hier. Quoiqu'il ne l'ait pas fait, ma réponse d'hier a dû lui montrer combien j'apprécie le noble témoignage qui termine, à mon heureuse surprise, sa petite lettre sur l'affaire Joffroy.

Mon volume avance rapidement, tant chez l'imprimeur que chez moi. Je l'achèverai vers la fin de juillet, de manière à le publier au milieu d'août. Comptez que je n'oublierai point ma promesse de vous en expédier, par la poste, l'un des premiers exemplaires.

J'admire le généreux artifice que vous venez d'introduire dans votre digne propagande, dont le succès privé ne m'étonne point. Si tous les positivistes avaient autant de zèle et de persévérance, avec la même prudence, notre avénement deviendrait plus prochain, malgré la compression actuelle, ou plutôt d'après la disposition sérieuse qu'elle suscite involontairement chez les meilleures âmes, qui n'ont jamais autant réfléchi qu'aujourd'hui sur les questions fondamentales. Malheureusement, votre déplorable santé vient souvent entraver ces précieux services, d'après une des plus douloureuses fatalités que subisse l'Humanité, sans pouvoir y réagir autrement que par la résignation et l'espérance.

Tout à vous,

AUGUSTE COMTE.

(*10, rue Monsieur-le-Prince*).

VIII

A Monsieur PAPOT, à Nantes.

Paris, le 5 Gutenberg 65 (17 août 1853).

Monsieur,

Ma lettre de samedi n'était qu'une circulaire officielle, dont j'écrivis, ce jour-là, *dix-neuf* autres copies. Je ne pouvais donc vous y fournir aucune indication étrangère à son objet spécial. Ce silence forcé se répare en vous annonçant aujourd'hui que j'ai fini mon troisième volume depuis quinze jours. Mais l'impression, quoique fort avancée, n'étant pas achevée, il ne saurait paraître avant la fin de la semaine prochaine. En tous cas, vous pouvez toujours compter sur l'un des premiers exemplaires, qui, sauf le port (d'environ 2 francs), vous coûtera *cinq* francs, suivant la réduction d'un *tiers* que j'ai coutume de faire envers l'exemplaire personnel de chaque membre de notre association, comme pour ceux du libraire. Quant aux nouvelles du positivisme, rien de notable n'est survenu depuis ma lettre du 15 juillet. Mais la tendance graduelle de la situation occidentale vers notre solution continue à se manifester nettement surtout d'après les habitudes méditatives résultées, en France, de la crise dictatoriale, malgré les mascarades mamamouchiques. J'ai lieu d'espérer que mon nouveau

volume développera spécialement une telle disposition, vu l'entraînement universel, heureux quoique
empirique, des esprits actuels aux études historiques.

Tout à vous,

AUGUSTE COMTE.

(*10, rue Monsieur-le-Prince*).

P.-S. — Votre bon de *quinze* francs fut hier payé
sans difficulté.

IX

A Monsieur PAPOT, à Nantes.

Paris, le samedi 1ᵉʳ Descartes 65 (8 octobre 1853).

Mon cher Monsieur,

Je suis extrêmement touché de la nouvelle
preuve de votre zèle généreux, résultée du mandat
que je fis solder hier, et dont voici le reçu. Mais je
me sens surtout pénétré de reconnaissance pour les
nobles sentiments que vous me témoignez à cette
occasion au milieu de vos souffrances. De telles
manifestations, que mes embarras actuels ont heureusement suscitées chez beaucoup de positivistes,
sont très propres à vérifier l'aptitude caractéristique
de notre doctrine à rallier activement les âmes
d'élite, dispersées et comprimées par l'anarchie

occidentale. Quelque peu nombreux que nous soyons encore, une semblable conduite doit augmenter notre confiance dans le prochain ascendant d'une foi qui multiplie ses dignes efforts en un temps d'égoïsme empirique. Ce spectacle décisif m'offre une précieuse compensation de la crise qui l'a suscité. Au reste, j'ai lieu de penser que ce danger est moins résulté d'une véritable insuffisance du subside que d'une imparfaite organisation. Quand j'ai pris la direction de ma souscription, cette modification a fait d'abord chômer une fonction complémentaire, que je ne pouvais remplir personnellement, celle qui consiste à stimuler de temps en temps le zèle et l'activité des divers coopérateurs. Plusieurs des éminents disciples qui m'entourent s'en seraient spontanément chargés si le succès exceptionnel du subside pendant le premier trimestre de 1853 (qui produisit 3.000 francs) n'avait naturellement inspiré partout une pleine sécurité. Quoique prévoyant que ce taux ne se soutiendrait pas, j'étais loin de craindre que la baisse des trimestres suivants devînt aussi considérable qu'elle le fut. Malgré que le décroissement dût déjà m'inquiéter avant que j'eusse achevé mon troisième volume, l'intensité de travail m'empêchait de le sentir. Depuis que j'ai fini, cette préoccupation a dû naturellement surgir, outre que la détresse s'est alors développée, la recette totale du mois d'août se bornant à *soixante-trois francs*. Quand je fis connaître ma situation, le 18 septembre, au couple positiviste qui sonna si dignement l'alarme, je n'avais en caisse que *huitante francs,* avec la perspective de devoir prochainement payer *mille francs,* si je ne voulais ajourner aucune de mes charges trimestrielles. Mais le noble dévouement suscité par une telle crise me permet d'espérer qu'elle ne se renouvellera point, parce que plusieurs de ceux qui m'entourent auront désormais le soin de surveiller les rentrées, chacun dans la sphère de ses relations personnelles, d'après le document précis que je fournirai, le dernier mercredi de chaque trimestre, sur le produit effectif du subside.

M. Robinet étant venu me voir hier soir, il a pris connaissance de votre lettre, et je l'ai trouvé très disposé, selon votre désir, à vous tenir au courant de ce qui se fera. Les relations personnelles que cette crise vient de multiplier entre de dignes positivistes me fournissent une compensation de l'embarras passager qui les occasionne. Nous tendons ainsi vers le caractère d'une grande famille, qui doit de plus en plus distinguer, au milieu de l'isolement actuel, ceux qu'unissent la communauté réelle des convictions et des espérances.

Tout à vous,

Auguste Comte.

(*10, rue Monsieur-le-Prince*).

X

A Monsieur A. PAPOT, à Nantes.

Paris, le lundi 9 Moïse 66 (9 janvier 1854).

Mon cher Monsieur Papot,

Voici les reçus correspondants à votre mandat de 190 francs, qui vient de m'être payé.

Sans attendre ma cinquième circulaire, que j'écrirai cette semaine, je suis heureux de vous annoncer que le subside sacerdotal a finalement atteint, en 1853, le minimum normal de *sept mille francs* (ou plutôt 20 francs par jour), qui jusqu'à présent n'avait jamais pu s'obtenir. Il est vrai que ce résultat n'aurait point été réalisé si plusieurs positivistes, au premier rang desquels vous figurez, n'eussent admirablement accompli, d'après ma détresse imprévue, des efforts exceptionnels, qui ne sauraient, chez la plupart, devenir permanents. Mais j'ai tout lieu de prévoir que l'accroissement spontané du nombre des souscripteurs compensera, pour la présente année, cette noble anomalie. Ainsi, quoique touché, plus que je ne puis l'exprimer, de la généreuse résolution que vous m'annoncez si dignement, je vous invite à ne pas doubler en 1854 votre participation habituelle. Je vous promets d'ailleurs de ne point hésiter à vous avertir cordialement si, pendant le second semestre, je reconnaissais la nécessité de renouveler encore votre exception de 1853.

Les sages réflexions que vous m'exprimez si noblement rendent plus affligeant que surprenant le zèle insuffisant de certains positivistes. Outre que le temps peut seul transformer les convictions théoriques en habitudes pratiques, la plupart de nos coreligionnaires doivent être spécialement retardés à cet égard, d'après la marche, plus intellectuelle qu'affective, qui les a conduits à la foi positive. Quand les adhésions commenceront par le cœur, ce qui bientôt deviendra le cas habituel, les dispositions égoïstes et les résistances révolutionnaires seront mieux surmontées. Mais le même embarras qui suscita vos réflexions permet de concevoir de meilleures espérances, en manifestant le zèle généreux par lequel il se trouva dissipé. Depuis l'élimination spontanée de ceux qui furent plutôt révolutionnaires que positivistes, il s'est développé parmi nous, sous la digne influence des femmes, une active fraternité, dont vous seriez profondément touché, si nous avions le bonheur de vous posséder ici.

Je déplore de plus en plus l'opiniâtre altération de votre santé, qui nous prive du commerce épistolaire par lequel votre absence devrait être compensée. Parmi les théoriciens positivistes, vous êtes jusqu'ici le seul qui me sembliez suffisamment remplir le rare et difficile concours des conditions essentielles de cœur, d'esprit, et de caractère, qu'exige le sacerdoce de l'Humanité, réduit encore à son fondateur. Pourquoi faut-il que les perturbations physiques empêchent le plein développement d'un tel type ? Cette insuffisante harmonie entre les influences corporelles et les aptitudes cérébrales me paraît la plus déplorable de nos fatalités, chaque fois que j'en vois spécialement un exemple aussi décisif. Le Grand-Être se trouve ainsi frustré des meilleurs services, tandis que tant de parasites étalent une santé stérile ou funeste.

Comme vous savez, je crois, l'anglais, vous pourrez faire venir de Londres (chez John Chapman, 142, Strand) l'important travail en deux volumes que vient de publier Miss Martineau, sous le titre « *The positive philosophy of Auguste Comte, freely translated and condensed, by Harriet Martineau.* » Nous devons regarder cette incomparable opération comme un événement décisif pour la digne propagande du positivisme, non seulement en Angleterre, mais dans tout l'Occident, où ce livre sera probablement traduit, même en France peut-être. D'après une appréciation sommaire mais suffisante, je n'ai point hésité d'écrire à cette éminente coopératrice que son nom accompagnerait le mien dans la postérité, qui ne s'occupera guère des autres publications auxquelles le positivisme a jusqu'ici donné lieu. Mon traité fondamental devra désormais être étudié de préférence dans cette traduction sans exemple, du moins par la plupart des lecteurs, en réservant la lecture originale aux théoriciens proprement dits. Outre cet immense service, une telle publication commence spontanément l'alliance décisive entre la femme et le sacerdoce, d'où dépend surtout la régénération occidentale. Elle dissipe irrévocablement les objections vulgaires sur la prétendue impossibilité de voir l'esprit féminin devenir suffisamment encyclopédique. Quoique Miss Martineau, absorbée par ce grand travail, n'ait pu suivre le développement de ma seconde carrière, j'espère que ma construction religieuse trouvera bientôt chez elle autant d'adhésion que ma fondation philosophique ; car j'ai lieu de présumer déjà qu'elle sent assez la juste prépondérance des conditions morales.

Tout à vous,

Auguste Comte.

(*10, rue Monsieur-le-Prince*).

P.-S. — Dès la semaine prochaine, je commencerai la rédaction du tome quatrième et dernier de mon *Système de politique positive*. Ce volume final paraîtra, j'espère, vers le milieu de la présente année. Après sa publication, je compte faire, en septembre, une tournée positiviste, où j'aurai la satisfaction de vous voir chez vous, si l'état du subside sacerdotal permet cette précieuse diversion au philosophe qui n'a pas quitté Paris depuis 1843.

XI

A Monsieur A. PAPOT, à Nantes.

Paris, le jeudi 19 Charlemagne 66.

Mon cher Monsieur Papot,

Voici le reçu de votre mandat de 40 francs, que je viens d'envoyer toucher.

Je regrette presque de vous avoir annoncé mon espoir de prochaine tournée, au début d'une année que je croyais plus satisfaisante qu'elle ne le sera probablement. Car, je suis ainsi forcé de vous informer aujourd'hui que me voici de nouveau contraint d'ajourner ce doux projet, d'après le motif qui m'obligea de le remettre l'an dernier, quoique je n'aie pas une seule fois découché depuis treize ans. Il m'eût été salutaire autant qu'agréable de venir auprès de vous, pendant quelques jours, non travailler après l'immense besogne que j'achève, mais contempler un type de l'existence domestique, que je viens d'idéaliser, et présenter mes remerciements en personne à vos dignes dames, en juste hommage de l'hospitalité bretonne que vous décrivez si bien. Mais je dois remettre ce plaisir à l'an prochain, comme toutes les autres satisfactions d'élite que me promettait le circuit positiviste. Le subside de cette année ne me permet pas de prendre une telle diversion, quoique son premier semestre ait atteint la moitié de la somme qui suffirait si le second était équivalent, ce qui n'est pas ordinaire ni naturel. Peut-être le minimun normal ne pourra-t-il cette fois être atteint sans reproduire des efforts exceptionnels analogues à ceux de 1853. Dans ce cas vous pouvez compter que je n'oublierai pas ma franche promesse d'invoquer à temps la généreuse intervention dont vous me renouvelez l'offre spontanée.

Le dernier quart du chapitre final de mon quatrième volume commencera demain, et je compte être entièrement quitte, à la fin de juillet, de ce tome définitif, y compris la préface caractéristique, où je serai naturellement conduit, d'après la précédente, à traiter surtout la perturbation russe. En même temps, l'impression commencée, depuis environ trois mois, par l'*Appendice général* qui reproduit l'ensemble de mes opuscules primitifs, marche avec une telle rapidité que vous pourrez avoir, avant la fin d'août, ce volume décisif (*Tableau synthétique de l'avenir humain*). J'espère qu'un tel achèvement de ma principale construction va bientôt ranimer l'écoulement des volumes précédents, chez les lecteurs, aussi calmes que rationnels, qui ne veulent rien étudier d'incomplet.

Outre la vive sympathie que m'inspire votre malheureuse santé, je dois seulement regretter votre impossibilité d'accomplir le digne projet de propagande que votre excellente lettre caractérise si bien. Le positivisme ne consistant jamais qu'à connaître l'état réel afin de l'améliorer autant que possible, il doit, comme vous le dites heureusement, trouver, chez tous les hommes, des racines spontanées, qui n'ont besoin que d'un peu de culture. C'est pourquoi je crois déjà venu le temps de la propagation universelle, à laquelle j'ai, depuis deux ans, consacré, d'abord mon manifeste au Tzar, complété par la lettre au Grand-Visir. J'avais, l'an dernier, compté publier à part trois cents exemplaires de ce double résumé, que l'exposition verbale des vrais croyants aurait ensuite développé. Mais mon honorable imprimeur n'osa pas risquer cette édition partielle, et peut-être eut-il raison, quoiqu'il n'ait pas craint de publier tout cela dans le volume correspondant.

Sous la réaction naturelle du grave incident qui s'est développé depuis, j'espère que cette utile publication pourra bientôt s'accomplir. Une guerre contre la guerre, autant dirigée pour le progrès qu'au nom de l'ordre, par la République occidentale arrêtant une vaine reconstruction de l'Empire d'Orient confirme la politique extérieure du positivisme que la marche intérieure se trouvera prochainement transformée, comme l'indique déjà la situation qui dispose l'armée à devenir, de son propre assentiment, une simple gendarmerie, tant au dehors qu'au dedans. Cette influence se fera même sentir sur le dictateur actuel, qui préside dignement à cette opération décisive, dont les suites le conduiront peut-être à ne pas dédaigner la proposition formelle que je lui fis, le 24 décembre.

dernier, sous l'entremise de M. Vieillard, de *rétablir* officiellement, en vertu de ses pleins pouvoirs, et sans aucun vote, la situation républicaine, toujours subsistante réellement depuis la prise de la Bastille.

En agissant ainsi sur les vrais conservateurs, j'ai lieu d'espérer aussi la conversion suffisante des dignes révolutionnaires, surtout de leurs meilleurs chefs, Barbès et Blanqui, que je n'ai jamais confondus avec les ambitieux vulgaires. Je crois vous avoir informé déjà des tendances positivistes du premier. Celles du second sont plus prononcées et plus importantes, d'après une démarche décisive qu'il fit indirectement, en avril, par une précieuse visite, qui me fait espérer qu'il apportera bientôt au positivisme l'appui de sa conversion personnelle et de sa popularité réelle. Notre religion vient rallier toutes les âmes d'élite, pour les faire dignement prévaloir sur les actives médiocrités qui les empêchent de gouverner le monde. Il faut donc que je convertisse ces deux types, les seuls vraiment honorables du parti négatif, et je leur ai déjà fait séparément savoir que je ne les regarderais jamais comme positivistes, si d'abord ils ne s'étaient pleinement réconciliés, d'après la subordination normale que je leur ai fait proposer.

Quelque ébauchées que restent encore ces diverses influences, elles montrent que le pontificat de l'Humanité commence réellement à fonctionner de tous côtés tant parmi les chefs qu'envers les masses. Le pouvoir spirituel devant régulariser tous les autres, il peut, moins qu'aucun d'eux, surgir par décret, et doit, comme toutes les grandes choses, avoir un début inaperçu. Mon prochain volume vous montrera que je fixe à 1855 le point de départ de l'ère normale, celle que j'ai maintenant introduite ne convenant qu'à la transition, et j'espère que la postérité ratifiera ce double jugement.

Tout à vous,

Auguste Comte.

(*10, rue Monsieur-le-Prince.*)

XII

A Monsieur PAPOT, à Nantes.

Paris, le vendredi 27 Gutenberg 66.

Mon cher Monsieur Papot,

Suivant la promesse que je fis à votre noble sollicitude, je dois aujourd'hui vous informer que l'insuffisance du subside actuel m'oblige finalement d'accepter le supplément exceptionnel que votre généreuse prévoyance avait projeté dès le début de cette année, et que j'avais cru pouvoir éviter.

Tout à vous,

Auguste Comte.

(*10, rue Monsieur-le-Prince*).

P.-S. — Mon volume final a paru le 2 septembre.

XIII

A Monsieur PAPOT, à Nantes.

Paris, le samedi 21 Shakespeare 66 (30 septembre 1854).

Mon cher Monsieur Papot,

Voici le reçu correspondant au mandat inclus dans votre lettre de mercredi, qui m'est parvenue hier. Comme vous l'aviez cordialement présumé, j'avais spontanément interprété le léger retard de cette réponse par votre absence passagère. Je connais tellement votre généreux empressement que je ne pouvais hésiter qu'entre cette explication et celle qui supposerait un dérangement plus grave de votre santé, dont je vois avec peine que le rétablissement est moins rapide que je ne l'espérais de vos soins judicieux et soutenus.

Quand vous pourrez lire à loisir mon volume final, je crois que vous partagerez la confiance qu'il m'inspire dans la prochaine appréciation d'une œuvre indivisible, qui n'était pas vraiment jugeable avant d'être terminée. Le positivisme ayant maintenant abordé l'ensemble des affaires humaines, en traitant spécialement chaque cas essentiel, cette plénitude de vues et de solutions, qu'aucune doctrine ne put offrir jusqu'ici, doit bientôt lui procurer une irrésistible influence dans un milieu que son anarchie rend incapable de résister aux impulsions réellement organiques. Mais cet avénement nécessaire pourrait être beaucoup secondé par des travaux d'exposition propagative comme celui que vous avez entrepris, et dont j'espère que votre santé n'empêchera point l'accomplissement.

La noble disposition, que vous me témoignez à cet égard, pour me soumettre spécialement cette élaboration, offre un exemple décisif de la discipline volontaire qui vous semble, avec raison, non moins indispensable au positivisme qu'elle le fut au catholicisme. Néanmoins, la diversité des méthodes et des doctrines constitue, entre les deux cas, une différence radicale, surtout relative à la spontanéité des inspirations.

Je suis convaincu que mes conseils pourront mieux servir votre travail quand ils porteront sur son accomplissement, au lieu de concerner sa conception, envers laquelle je me ferais un scrupule de troubler l'originalité d'un esprit qui doit être pleinement synthétique puisqu'il est poussé par un cœur éminemment sympathique.

Tout à vous,

AUGUSTE COMTE.

(*10, rue Monsieur-le-Prince.*)

XIV

A Monsieur PAPOT, à Nantes.

Paris, le mardi 23 Moïse 67.

Mon cher Monsieur Papot,

Voici les reçus qui constatent l'heureuse arrivée du billet de 200 francs inclus dans votre lettre de samedi, qui vient de me parvenir tout à l'heure. Quant à l'excédent de 10 francs, je le regarde comme à défalquer sur le premier envoi que vous me ferez, puisque notre Société n'a point de dépenses prochaines, et vous savez d'ailleurs, par ma dernière préface, que je ne dois rien publier cette année, sauf l'opuscule exceptionnel qu'annonce la circulaire que je vous envoyai vendredi.

Je vois avec douleur la continuation de vos perturbations physiques. Mais, en acceptant vos vœux pour le succès du positivisme, je suis cordialement obligé de relever vos touchants regrets de n'y pouvoir activement coopérer. Sans doute, votre mauvaise santé comprime une organisation dignement cultivée qui vous incorporait profondément au naissant sacerdoce de l'Humanité. Toutefois, si l'influence corporelle entrave la destination cérébrale, elle ne peut vous empêcher de seconder beaucoup la régénération à laquelle vous vous êtes noblement associé. Quoique votre action écrite ou verbale se trouve ainsi restreinte, rien ne saurait atténuer la muette propagande résultée de toute votre conduite. C'est surtout par la supériorité de leurs sentiments et de leurs actes que les vrais positivistes doivent maintenant concourir au triomphe d'une doctrine dont la supériorité mentale n'est plus contestable. En voyant dignement placer le cœur au-dessus de l'esprit par une intelligence distinguée et bien cultivée, on doit être involontairement édifié sur la foi qui conquiert et dirige de tels adeptes.

Le quatrième et dernier volume de ma construction religieuse ayant paru depuis cinq mois, c'est seulement cette année que le public va réellement commencer à mériter des reproches s'il ne fait point une suffisante attention au positivisme. Malgré le discours préliminaire et le catéchisme, l'ensemble de la religion de l'Humanité ne pouvait auparavant être qu'imparfaitement saisi, même parmi ceux que mes cours ou mes entretiens avaient le mieux préparés. Désormais, la synthèse universelle se trouve complètement exposée, et devient entièrement appréciable pour quiconque voudra convenablement l'étudier. Si je puis, ce printemps, exécuter (ce dont je doute encore) le cours annoncé dans ma dernière préface, je le destinerai surtout à faire directement pénétrer le positivisme chez les vrais conservateurs, auxquels il fournit la doctrine qui leur manque, depuis soixante ans, afin de réaliser leur vœu continu de surmonter à la fois l'anarchie et la rétrogradation. En tous cas, cette transplantation de la foi positive dans son meilleur milieu deviendra l'objet spécial de l'opuscule que je publierai cette année pour caractériser l'efficacité sociale de la synthèse universelle parmi les praticiens qui ne peuvent en étudier l'exposition théorique.

Tout à vous,

Auguste Comte.

(*10, rue Monsieur-le-Prince*).

P.-S. — J'oubliais de satisfaire votre touchante sollicitude envers ma santé, qui continue d'être excellente à tous égards, quoique j'aie commencé vendredi ma cinquante-huitième année. Convaincu de l'utilité que je puis encore développer, j'ose franchement aspirer à la longévité de Fontenelle, et peut-être obtiendrai-je celle de Hobbes, ou du moins celle de Voltaire, de Buffon et de Franklin.

XV

A Monsieur PAPOT, à Nantes.

Paris, le mardi 9 Dante 67 (24 juillet 1855).

Mon cher Monsieur Papot,

Voici les deux reçus qui correspondent au billet inclus dans la lettre que j'ai reçue ce matin. Quoique les nobles sentiments qu'elle exprime ne puissent aucunement m'étonner de vous, je suis profondément touché de leur nouvelle expression, où les trois instincts sympathiques se trouvent nettement marqués. J'y sens à la fois la générosité d'un patron, la vénération d'un disciple et même la tendresse d'un ami. Laissez-moi vous féliciter cordialement de cette belle organisation, qui doit faire autant votre bonheur que celui de votre entourage, dont d'ailleurs il me donne la meilleure idée, car ces effusions ne viennent guère aux âmes mal entourées. Mais, plus je sens le prix d'une telle nature, plus je dois vous recommander de ne rien négliger pour rétablir ou consolider la santé qui peut seule la faire durer, et dont vous remplissez la première condition, puisque l'unité, d'où résulte la santé, dépend surtout des inclinations bienveillantes.

Cette sollicitude normale envers une précieuse existence est d'autant plus nécessaire que le principal vice de l'organisme humain consiste dans une insuffisante harmonie entre le corps et le cerveau. Si le renouvellement des corps était possible, chaque cerveau bien constitué pourrait ordinairement user deux et peut-être trois corps ; car cet appareil est le plus vivace de tous. La statue ne tombe le plus souvent que par la faute du piédestal. Quand Fontenelle s'éteignit après un siècle de digne activité, son cerveau pouvait encore fonctionner longtemps. J'insiste donc pour que vous soigniez un piédestal qui porte une belle statue.

Sans que tous les positivistes puissent vous ressembler, je regarderais ma situation comme pleinement assurée si j'en trouvais seulement vingt aussi zélés que vous. Malheureusement, je puis à peine en compter dix qui, proportionnellement à leurs ressources, manifestent le même dévouement. Il est, en effet, honteux que, en assignant au subside positiviste un minimum aussi modique, le taux ne puisse encore être atteint sans exiger chaque année quelques sacrifices exceptionnels, qui ne m'ont pas jusqu'ici préservé d'embarras sérieux quoique passagers. Je me suis trouvé, le mois dernier, dans l'obligation, pour la première fois, de retarder de plusieurs semaines le payement trimestriel de la fatale pension résultée, depuis treize ans, d'une irrévocable séparation. Toutefois, je dois vous rassurer en vous expliquant que je suis assez heureusement organisé pour que de tels obstacles ne me suscitent pas des préoccupations habituelles, et se bornent à me faire sentir les embarras actuels. Quoique, en payant chaque trimestre de mes trois obligations périodiques, j'aie rarement la certitude de pouvoir régulièrement acquitter le suivant, mes prévisions privées ne vont pas aussi loin, et la confiance me soutient jusqu'au moment de la gêne. Mon excellente Sophie en est plus préoccupée que moi, qui me félicite d'avoir systématiquement conservé, dans la pleine maturité, l'insouciance spontanée de ma jeunesse.

Je viens d'éprouver cette heureuse aptitude en accomplissant l'opuscule exceptionnel que j'avais promis à la fin de ma dernière circulaire pour faire pénétrer le positivisme dans le milieu le plus propice à son installation. Mon *Appel aux Conservateurs* (d'environ 160 pages in-8°) a commencé le

3 juin, quand mes embarras matériels étaient déjà sensibles, et je l'ai paisiblement terminé le 17 juillet sans qu'ils fussent assez dissipés. Laissez-moi la satisfaction de vous en expédier cordialement un des premiers exemplaires, quand il paraîtra vers le milieu d'août, à titre d'affectueux témoignage, sans préjudice de ceux que vous pourrez acheter pour la propagande, comme vous le fîtes du *Catéchisme*.

Si ce nouvel opuscule vous semble autant susceptible de seconder votre prosélytisme, quoique envers d'autres âmes, il s'adresse surtout aux hommes d'État, qui, depuis soixante ans, s'efforçant vainement de concilier l'ordre et le progrès, doivent être solennellement avertis qu'il existe une doctrine pleinement apte à cette destination. C'est pourquoi je compte l'envoyer aux principaux chefs occidentaux, et d'abord à notre dictateur actuel auquel doit surtout convenir un manifeste qui se termine en l'invitant directement à se transformer, par un décret de *proprio motu*, en *Dictateur perpétuel de la République Française*, avec la faculté de choisir son successeur.

Les bons sentiments étant heureusement contagieux, je compte demain lire à notre Société votre excellente lettre, soit afin d'y fortifier le zèle, soit surtout pour y propager la confiance que m'inspirent de tels témoignages dans le prochain avenir d'une foi capable de ces inspirations. Quoique les positivistes ne soient ni nombreux ni riches, leur peu d'influence doit être attribuée surtout à l'insuffisance de leur zèle. Si tous ceux qui, soit intellectuels soit sociaux, se parent de ce titre (que quelques-uns

exploitent déjà), coopéraient au subside en proportion de leurs moyens, comme le fait à peine une
dizaine d'entre eux, il suffirait dès à présent non
seulement pour me préserver de tout embarras, mais
aussi pour me permettre de développer sa destination normale, en aidant les jeunes théoriciens qui,
remplissant ou prêts à remplir les conditions
intellectuelles et morales du sacerdoce de l'Humanité, se trouvent forcés de consumer leur temps
et leurs forces à gagner péniblement une subsistance
précaire. Je compte déjà trois cas où je serais
heureux de pouvoir faire une pension provisoire de
2.000 francs à chacun des éminents disciples dont
l'initiation encyclopédique garantit l'aptitude fondée
par leur dévouement et leur talent. Quand je
pourrai réaliser cette extension normale d'un subside qui constitue le premier état d'une grande
institution, je ne gaspillerai davantage l'argent du
public pour les autres que pour moi-même, comme
le constatera toujours mon fidèle compte annuel.

Nous sommes moins éloignés peut-être d'une
telle situation que ne doivent sembler l'indiquer les
embarras actuels, prévus par ma dernière circulaire.
Elle signale la présente année comme naturellement
destinée au triage nécessaire entre les conversions
provisoires, seules possibles tant que le positivisme
n'était pas complet, et les adhésions définitives, qui
ne peuvent surgir que depuis un an à peine. La
retraite des adhérents prématurés, que l'entière explication de la religion positive détourne d'un premier
élan, sera bientôt compensée par ceux qui, dans le

silence, ont attendu, pour juger et décider que cette exposition fût entièrement achevée, comme je l'eusse fait moi-même si j'eusse été spectateur au lieu d'être acteur. Dans tous les cas, on doit naturellement compter que les adhésions qui persisteront cette année seront vraiment irrévocables. Alors le noble vœu qu'exprime votre lettre pourra bientôt se réaliser d'après l'existence spontanée des dispositions qu'il exige, et qui déjà se trouvent chez quelques positivistes.

Si vous êtes bientôt revenu des bains de mer, vous recevrez, de ma part, la prochaine visite d'un de mes meilleurs disciples, M. de Constant, capitaine de vaisseau de la marine hollandaise, en retraite depuis deux ans, après *quarante-deux ans* de service, quoique seulement âgé de *quarante-six ans*. Il est autorisé, par notre gouvernement, à visiter les travaux de tous les ports français. Parti de Paris jeudi dernier pour le Havre, il visitera successivement Cherbourg, Brest et Rochefort. C'est en revenant ici de ce dernier port afin de retourner en Hollande par l'Angleterre, qu'il doit s'arrêter à Nantes, où certainement il sera fort heureux de vous voir. J'espère que si ce contact se réalise, vous en serez aussi satisfait que lui. Vous y verrez l'un des principaux membres du précieux foyer qui, depuis plus de neuf ans, soutient et propage le positivisme en Hollande avec autant de succès que de dignité. Non moins synthétique que sympathique, son âme offre l'un des exemples les plus décisifs de l'empire que peut acquérir la religion positive chez d'éminents praticiens, en montrant un caractère assez énergique pour qu'on le réputât indomptable. Concilié maintenant avec une préoccupation continue du perfectionnement moral, et surtout de l'ascendant sur soi-même, signe essentiel de la véritable énergie, du moins dans l'âge mûr.

Il vous sera facile d'expliquer l'extension exceptionnelle de cette réponse, en considérant la disposition expansive que devait naturellement stimuler votre excellente lettre. Cette libre et cordiale causerie est un faible dédommagement de celles dont je suis privé, soit par votre impossibilité de venir à Paris, soit par les entraves qu'éprouve, pour la troisième fois, le projet de tournée que j'avais prématurément formé.

Tout à vous,

AUGUSTE COMTE.

(*10, rue Monsieur-le-Prince.*)

XVI

Paris, le vendredi 4 Moïse 68.

Mon cher Monsieur Papot,

Je viens de terminer mon année de chômage par le Testament promis à la fin de mon principal ouvrage ; il est déjà remis à M. Laffitte (**23**, rue Racine), que j'en ai constitué le gardien perpétuel. L'accomplissement d'un tel devoir fournit ma meilleure préparation à la grande construction que je vais commencer le 1ᵉʳ février par le premier des trois traités qui doivent composer ma *Synthèse universelle*, complément nécessaire de ma *Politique positive*, de même que celle-ci fut la suite inévitable de ma *Philosophie positive*. Vous êtes l'un des treize disciples que j'ai choisis comme exécuteurs testamentaires. Quand vous pourrez lire ce testament chez M. Laffitte, vous reconnaîtrez qu'on peut participer à cet office sans aucun déplacement ; ce qui me laisse espérer une acceptation à laquelle j'attache beaucoup de prix.

Tout à vous,

Auguste Comte.

10, rue Monsieur-le-Prince.

XVII

A Monsieur PAPOT, à Nantes.

Paris, le jeudi 10 Moïse 68.

Mon cher Monsieur Papot,

Voici les deux reçus qui correspondent au mandat inclus dans votre excellente lettre de dimanche, où vous témoignez, avec une simplicité charmante, un dévouement, mêlé de vénération et d'attachement, dont je suis profondément heureux. Les bons sentiments étant éminemment contagieux, et mes disciples ayant surtout besoin de les développer davantage, j'ai cru devoir hier lire complètement cette lettre à nos confrères réunis. Elle les a beaucoup touchés, et j'espère que cette émotion concourra, d'une manière durable, avec d'autres impressions récentes pour exciter, chez les positivistes, le zèle, et par suite l'union, qui leur manquent encore. Des conversions fatalement commencées par l'esprit les lient d'après les opinions communes, assistées même d'une commune activité, mais sans que leur alliance soit directement fondée sur le sentiment, source principale d'une harmonie réelle et continue. Maintenant que le positivisme est complètement institué, la marche inverse deviendra la plus fréquente, conformément à l'ordre normal, où la sympathie conduit à la synthèse, et finalement à la synergie, quand on a suffisamment acquis les connaissances et développé l'activité que le sentiment prescrit. Néanmoins, quelque imparfait que soit encore un faisceau composé d'éléments récemment sortis de l'état révolutionnaire, il fait déjà sentir la tendance nécessaire du positivisme à rallier les âmes d'élite pour diriger la régénération universelle d'après leur digne prépondérance, qui réalisera bientôt, épurés et combinés, l'empire général que Mahomet promit aux *vrais croyants* et le règne des *saints* annoncé par Cromwell. Tous les positivistes seront prochainement soumis à l'irrésistible influence que doivent produire la noble munificence de M. de Constant contre le triste déficit vers lequel marchait la terminaison de mon année de chômage et le généreux dévouement avec lequel, sans être personnellement riche, vous devenez le principal des souscripteurs français.

Je suis profondément touché de votre acceptation d'un office que j'étais heureux de vous offrir, et que vous exercerez, j'espère, avec une digne efficacité, malgré vos douloureuses conjectures. Quand même, contre l'ordre des âges, je vous survivrais, vous êtes actuellement assuré de l'immortalité qui joindra les noms de mes exécuteurs testamentaires à ma propre renommée, suivant la belle perspective signalée par l'un d'eux (M. Lonchampt), dans une admirable lettre que je lus hier après la vôtre, à la Société positiviste. Si j'étais forcé de vous choisir un remplaçant, votre nom figurerait toujours, à son rang, quand je publierai mon testament en 1864, à la suite de ma biographie, en tête de la sainte correspondance ; car cet acte doit scrupuleusement paraître dans l'état où je viens de l'accomplir, sauf les annotations qui pourraient y convenir. Comme vous ne pourrez, je présume, en venir prendre connaissance qu'aux vacances, je crois aujourd'hui devoir vous apprendre quels collègues vous y trouverez. Voici donc la liste totale de mes treize exécuteurs testamentaires, rangés par ordre alphabétique, ainsi qu'ils le sont dans l'acte :

> MM. AUDIFFRENT,
> DE CAPPELLEN,
> le Baron W. DE CONSTANT,

MM. Deullin,
le Docteur Édouard Foley,
Don José Florez,
Hadery,
Laffitte *(Président perpétuel)*,
Lonchampt,
Magnin,
Papot,
le Docteur Robinet,
le Comte de Stirum.

Ayant lu cette liste hier à la Société positiviste, après votre lettre et celle de M. Lonchampt, en autorisant nos confrères à la divulguer convenablement, j'ai signalé l'influence que j'attends de cet événement pour faire dignement surgir, parmi nous, une sorte d'état-major ou d'aristocratie fraternelle, qui liera mieux les membres au chef en instituant la subordination sans laquelle notre faisceau n'exercerait pas sur le milieu sceptique l'action nécessaire et possible. Parmi tous mes disciples, j'ai soigneusement choisi ces treize, après quinze mois d'examen secret, comme étant plus sympathiques, plus synthétiques et plus synergiques, en un mot plus *religieux* que les autres. Or, outre le crédit naturellement résulté de mon choix, les mêmes titres tendent nécessairement à leur subordonner le reste des positivistes, tant que cette supériorité sera dignement exercée, ce qui doit spontanément résulter de sa nature surtout morale. Après le premier regret de n'avoir pas été choisi, j'espère que chacun accueillera bientôt ces frères d'élite avec un respect exempt de jalousie. Si, suivant l'exorbitante conjecture de M. de Constant, je survivais jamais à tous mes exécuteurs testamentaires, notre église naissante est assez bien composée pour que je sois déjà certain d'y pouvoir alors trouver un second groupe digne de m'escorter à la Postérité, comme je l'ai finalement dit hier.

Le motif qui vient de me décider à vous communiquer cette liste doit aussi me conduire à vous signaler, dans mon testament, une appréciation qui vous est personnelle. Ayant dû, dans l'hypothèse de mort prochaine où je me suis ainsi placé, désigner les théoriciens que je regarde comme appelés au sacerdoce de l'Humanité, je vous ai spécialement représenté comme étant le seul (avec M. Laffitte) qui remplisse l'ensemble des conditions, mentales et morales, propres à faire *immédiatement* admettre aux épreuves encyclopédiques qu'exige l'ordination du clergé positif. Je crois vous avoir annoncé, lors de votre dernière visite, qu'elles consistent en sept thèses successives sur les sept sciences fondamentales, suivies chacune d'un examen oral, sauf la faculté que je me réserve de dispenser exceptionnellement de quelques-unes.

Ma septième circulaire, que je suis sur le point d'achever, va bientôt, au reste, fixer vos idées à cet égard, comme envers les récents progrès de l'avénement positiviste. Je n'y puis qu'indiquer une cérémonie décisive, dont votre cœur eût été vivement touché, si vous aviez pu rester ici jusqu'au

12 octobre. Alors s'est accompli le premier exemple du chaste préambule que j'ai finalement introduit dans le mariage positiviste, et qui fut dignement inauguré par un couple prolétaire, où le double milieu propre à notre religion se trouvait admirablement représenté.

Tout à vous,

AUGUSTE COMTE.

10, rue Monsieur-le-Prince.

P.-S. — Quoique je ne vous aie rien dit de ma santé, j'espère que vous n'en serez pas inquiet. Elle continue d'être excellente, et je la crois consolidée par l'attitude posthume qui doit maintenant résulter de la fonction que je viens d'accomplir. Je vais donc commencer, le vendredi 1er février, avec une parfaite sérénité, ma *Philosophie mathématique,* qui sera, je pense, publiée en octobre, comme première partie de ma *Synthèse universelle,* complément nécessaire de ma *Politique positive,* de même que celle-ci fut la suite inévitable de ma *Philosophie positive ;* ce qui composera la grande trilogie d'Auguste Comte, si nul accident ne survient.

XVIII

A Monsieur PAPOT, à Nantes.

Paris, le jeudi 24 Charlemagne 68 (10 juillet 1856).

Mon cher Monsieur Papot,

Voici les deux reçus qui correspondent au mandat, déjà soldé, que renfermait votre lettre de dimanche, arrivée avant-hier.

J'ai maintenant commencé le dernier tiers du nouveau volume dont je suis continuellement occupé depuis le 1ᵉʳ février. Les trois premières feuilles sont déjà tirées ; en sorte qu'il paraîtra, j'espère, en octobre, comme je l'avais annoncé dans ma dernière circulaire. Aussitôt qu'il sera publié, je vous enverrai, par la poste, l'exemplaire que vous attendez, et je serai d'avance assuré que nul de mes disciples ne pourra mieux goûter que vous une telle lecture.

Il faut aujourd'hui accomplir un austère devoir en vous communiquant les explications que j'ai récemment données aux autres coopérateurs de la petite pension que nous faisons, depuis quatre ans, à Mᵐᵉ veuve Francelle. La conduite de cette jeune dame est pleinement régulière, autant que je puis le savoir envers une personne qui vit à quatre lieues de Paris (Argenteuil) et que je vois seulement tous les trois mois pour recevoir son quartier. Mais elle n'a nullement réalisé les espérances que j'avais conçues en fondant cette pension exceptionnelle, qui pouvait permettre à notre jeune veuve de prendre une noble attitude, en se vouant dignement à l'éducation de son fils, avec autant d'efficacité pour son bonheur et sa gloire que quant à la propagation la plus décisive du positivisme, comme elle parut un moment le comprendre au début de cet incident.

Dès l'origine, je l'ai formellement dégagée de son vœu de veuvage, sans devoir aucunement flétrir la mémoire de son mari, d'après la précipitation exceptionnelle avec laquelle avait été contracté cet engagement imprévu, dans la célébration de son mariage, le 13 juillet 1848, deux semaines avant que j'eusse publié le *Discours préliminaire* où je proclamai, pour la première fois, la loi de l'union positiviste, inconnue à tout le monde avant cette cérémonie. Si donc la jeune veuve ne s'est pas remariée, ce n'est pas faute de se croire libre, mais probablement parce que sa triste expérience du mariage l'a détournée de recommencer. Quant à son enfant, elle ne s'occupe en aucune manière de l'éducation pour le développement de laquelle la pension fut surtout instituée. Elle l'envoie à l'école et même au catéchisme catholique, afin de consacrer tout son temps à gagner le plus d'argent possible dans son métier de couturière à l'usage des tailleurs, qui suffit pleinement à ses besoins, et lui permet probablement de placer tout ce qu'elle reçoit des positivistes. Cette dame n'est aucunement positiviste et ne fait rien pour le devenir ; elle regrette même de n'être pas restée catholique. Sa nature, sans être vicieuse, est très vulgaire, et surtout peu tendre, avec une énergie plus embarrassante qu'utile chez une femme qui ne sait pas l'appliquer à se régénérer. Vous voyez ainsi que, quoique notre intervention ne soit pas entièrement perdue, chacun de nous pourrait aisément trouver autour de lui quelque objet qui méritât autant, et même davantage, une telle assistance.

Si d'après ces informations, la pension cesse bientôt, nous n'aurons aucunement à regretter le passé, puisque nous avons ainsi permis à la jeune veuve d'éviter ou de surmonter les embarras propres aux premières années de sa nouvelle situation. Quel que soit le parti que prenne, à cet égard, chaque coopérateur, je le trouverai toujours bon, ou comme supprimant une assistance non méritée, ou comme perpétuant une précieuse habitude, en attendant une meilleure destination. En tous cas, je dois être le dernier à cesser ma part, comme je fus le premier à l'introduire, quoique j'aie cru devoir donner ces explications sur une situation qui déjà suscite plusieurs réclamations et la retraite de quelques participants, malgré le regret naturel d'éteindre une modeste recette à laquelle on s'était habitué.

La terminaison de l'épisode militaire résulté de l'incident russe fait maintenant revivre le cours ralenti des aspirations sociales, de manière à former au positivisme une ère nouvelle, dont nous avons déjà rempli les conditions systématiques, puisque la religion universelle est pleinement construite et proclamée, ainsi que son application générale à la politique actuelle depuis mon *Appel aux conservateurs.* Notre gouvernement nous accorde une entière liberté de la presse, qui, de moi, passe à tous mes vrais disciples, comme l'indique le récent opuscule de M. de Constant, ne fût-ce qu'après son audacieuse épigraphe. Quoiqu'il m'ait refusé, l'an dernier, la salle demandée pour mon cours projeté, j'ai maintenant cessé de le regretter, parce que mon attitude publique s'en trouve mieux. Dans la cérémonie décisive du 6 mars pour le dernier mariage positiviste, j'ai déclaré ma résolution de ne plus professer, et de ne prendre la parole en public que comme Grand-Prêtre de l'Humanité, quand la dictature m'accordera le Panthéon, qui m'appartient comme ayant seul rempli les conditions du culte indiqué par son inscription. Mais cette résolution, que proclamera ma prochaine préface, ne doit aucunement empêcher les cours que pourraient utilement faire mes dignes disciples, auxquels je m'efforcerai de faire convenablement accorder les facilités nécessaires, en utilisant le crédit involontairement résulté des garanties irrésistibles que l'ensemble de ma carrière fournit à la cause de l'ordre réel. En usant des divers moyens dont ils peuvent actuellement disposer, les positivistes doivent pleinement développer leur attitude normale comme directeurs systématiques de l'opinion publique dans tout l'Occident, d'après une doctrine qui fournit sur toutes les questions des solutions complètes et concordantes. Praticiens ou théoriciens, tous sont maintenant affiliés au pouvoir spirituel que notre religion vient installer au milieu des conflits anarchiques et rétrogrades, en renonçant à toute intervention matérielle, et n'attendant le commandement pour nos hommes d'État que quand les gouvernements les invoqueront contre le communisme devenu menaçant en face des doctrines impuissantes à le surmonter. Cet office permanent, où notre foi nous permet d'utiliser tous les partis actuels, doit être constamment dirigé conformément au vers systématique que j'ai récemment construit pour le caractériser :

Conciliant en fait, inflexible en principe.

Pour développer une présidence spirituelle, qui doit surtout consister dans l'initiative, en écartant le journalisme, les questions extérieures doivent aujourd'hui prévaloir sur les questions intérieures, quoique les principes sociaux doivent également comprendre les deux cas. C'est par les relations occidentales que commença l'anarchie moderne, quand les rois annulèrent les papes au XIVe siècle, et la terminaison de la révolution doit suivre la même marche que son début, en utilisant les dispositions plus calmes que l'on apporte aux affaires internationales, où nous serons souvent secondés de quelques gouvernements, sans excepter ceux qui redoutent le plus les discussions du dedans, où l'existence sociale se trouve davantage compromise. Si des émeutes ou des échafauds politiques avaient détruit la dixième partie des hommes qui viennent de succomber dans l'épisode accompli, toute pensée de régénération eût été profondément repoussée pour longtemps, tandis que les désastres extérieurs sont presque oubliés après trois mois de paix.

Afin de commencer cette nouvelle carrière d'activité pacifique que la situation occidentale a spontanément ouverte au positivisme, je viens d'inviter mes meilleurs disciples britanniques à proposer dans leur milieu la libre et digne restitution de Gibraltar à l'Espagne. Quoique Calais ait été possédé deux siècles par l'Angleterre, on ne trouverait plus un seul Anglais assez arriéré pour oser aujourd'hui justifier cette anomalie. Celle qui, depuis un siècle et demi, concerne Gibraltar, étant évidemment équivalente, ce rapprochement suffit à la décision d'une question pleinement mûre, dont l'opportunité me semble telle que je suis surpris de ne l'avoir pas vue accessoirement soulevée par l'ambassadeur russe dans le dernier congrès. Mais pour caractériser la nature purement morale de la solution positiviste, il faut qu'elle surgisse en Angleterre où j'ai lieu d'espérer qu'un de mes disciples saura bientôt appeler dignement l'attention du public et du gouvernement sur un cas d'autant mieux accessible qu'il n'exige aucun sacrifice matériel, puisque cette insultante possession est beaucoup plus onéreuse que productive, y compris même les profits de la contrebande. Si la diplomatie positiviste pouvait être prochainement inaugurée par un tel succès, il nous fournirait un point d'appui pour étendre les mêmes principes sociaux à des applications plus importantes, dont l'introduction immédiate serait vicieuse. En politique, comme en logique, il faut installer les préceptes essentiels à l'occasion des cas les plus faciles, afin que le détail n'absorbe pas l'ensemble. La question italienne ne comporte d'autre solution réelle et durable qu'un semblable appel au public germanique, qui ne doit être sagement invoqué qu'après la restitution de Gibraltar, les positivistes français ayant d'ailleurs pris, autant qu'il dépend d'eux, l'initiative qui leur convient, en flétrissant, depuis longtemps, l'usurpation de l'Algérie.

Tout à vous,

Auguste Comte.

(*10, rue Monsieur-le-Prince*).

XIX

A Monsieur PAPOT, à Nantes.

Paris, le samedi 10 Moïse 69.

Mon cher Monsieur Papot,

Voici le reçu correspondant au mandat, déjà payé, que renfermait votre trop courte lettre d'avant-hier, arrivée ce matin.

Je suis profondément affligé de voir votre belle nature morale et mentale toujours entravée par le délabrement corporel. De tels conflits constituent, à mes yeux, la plus douloureuse des fatalités auxquelles l'Humanité se trouve naturellement assujettie; tandis que tant d'êtres, qui ne sont que des fardeaux pour elle, restent florissants, elle perd ainsi les services de ses meilleurs organes. Si je vis de manière à publier ma biographie en 1864, comme je l'ai promis, vous y tiendrez une digne place, où je ferai convenablement apprécier une supériorité qui n'a pu, faute de santé, devenir assez jugeable que dans un cercle trop restreint, et sans avoir réalisé sa principale efficacité sociale.

Quant à moi, j'ai, l'an dernier, paisiblement exécuté le plus long de tous mes volumes. Il a paru le 17 novembre 1856, et je vous l'ai, le lendemain, envoyé par la poste. Je vais demain faire ma huitième circulaire, seul écrit propre à ma présente année de pure préparation méditative. Ce travail intérieur doit spécialement embrasser les deux parties, théorique et pratique, de ma *Morale positive*, dont les deux tomes seront respectivement construits et publiés en 1858 et 1859, sans aucun autre intervalle que quelques mois d'un repos essentiellement passif. Voilà pourquoi j'ai déjà supprimé le projet d'excursion que je me plaisais à concevoir et que ma situation matérielle eût peut-être rendu praticable cette année.

Sans attendre ma nouvelle circulaire, je dois vous annoncer que, pour la première fois, le subside positiviste a dépassé notablement, en 1856, le minimum normal : il a produit 8.246 francs.

Quoique ce résultat ait encore exigé des efforts exceptionnels, il me semble pourtant indiquer une amélioration durable, qui pourra spontanément écarter désormais les embarras matériels par lesquels ma mission intellectuelle et sociale fut habituellement entravée jusqu'à présent.

Ma circulaire vous signalera les deux éminents opuscules, l'un américain, l'autre anglais, où deux dignes positivistes britanniques ont noblement inauguré l'apostolat théorique, après que M. de Constant avait spontanément fourni l'heureux type de l'apostolat pratique. Le premier, qui parut à New-York en juillet 1856, contient, sous le modeste titre : *The positivist calendar*, par Henry Edger, la meilleure exposition jusqu'ici tentée du positivisme religieux. Quant à l'autre, publiée, le mois dernier, à Londres, il est essentiellement politique et doit spécialement inaugurer la diplomatie positiviste par une application autant opportune que décisive, que j'indiquai, l'été dernier, à M. Congreve, et qu'il a dignement expliquée dans Gibraltar : *Or the foreign policy of England* (John Parker, West Strand, London).

Tout à vous,

Auguste Comte.

(*10, rue Monsieur-le-Prince.*)

P.-S. — Le parti que vous avez définitivement pris envers la pension à laquelle nous coopérâmes pendant quatre ans, est exactement conforme à la conduite spontanément adoptée par les autres souscripteurs, y compris moi-même en dernier lieu.

XX

A Monsieur A. PAPOT, à Nantes.

Paris (*10, rue Monsieur-le-Prince*), le vendredi soir 23 Dante 69.

Mon cher Monsieur Papot,

Voici le reçu correspondant au mandat, déjà payé, que renfermait votre noble et touchante lettre d'hier, arrivée ce matin. Le retard dont vous parlez à cet égard s'était d'abord expliqué d'une manière bien différente de la douloureuse réalité que vous m'annoncez. M. de Constant ayant récemment traversé Nantes en revenant de Lisbonne, n'avait pas eu le temps de vous voir : mais la rencontre d'un de vos amis lui fit alors penser que votre santé se trouvait notablement améliorée. Cette précieuse nouvelle me suscita l'espoir que vous viendriez spontanément passer à Paris une portion de vos vacances actuelles. Dès lors, je présumai que vous m'apporteriez vous-même le second semestre de 1857, dont, malgré votre scrupuleuse exactitude habituelle, l'arrivée n'avait, cette année, rien d'urgent.

Je compatis profondément à l'incomparable

douleur qui vous frappe. Une tendre et vénérable mère, avec laquelle vous n'aviez jamais cessé de vivre, sans pourtant altérer l'harmonie de votre propre ménage, et de manière à fournir un rare exemple, également honorable à trois cœurs, suscite une perte éternellement irréparable, dont la seule compensation consiste à la faire dignement revivre dans le culte propre à la religion positive.

L'excellence de votre cœur m'est tellement connue que votre admirable proposition ne pouvait aucunement m'étonner. Mais la grave maladie que je viens de subir a maintenant atteint la vraie convalescence qui rend heureusement inutile un dévouement d'autant plus touchant qu'il surgit au milieu d'une profonde affliction personnelle. Il ne me reste que l'extrême faiblesse physique naturellement due à la sévère diète d'après laquelle j'ai seul dirigé le traitement, spontanément terminé par un copieux vomissement de sang, accompli sans effort ni douleur, en quelques minutes, le dimanche 26 juillet, d'où date le commencement du retour à mon état normal. Si vous devez naturellement venir à Paris pendant ces vacances, je serai bien heureux de vous revoir.

Quant à présent, je n'ai réellement aucun besoin spécial d'accepter un déplacement dont je dois seulement conserver un inaltérable souvenir de reconnaissance et de sympathie. Cette crise physique, suscitée par l'ignoble conduite d'un faux disciple, en un temps où la récente perte imprévue de mon plus ancien adhérent me rendait exceptionnellement impressionnable, est d'ailleurs survenue dans une année où, n'écrivant rien, et purement occupé d'une forte préparation méditative, je fus naturellement préservé de l'aggravation, que, l'an dernier, ou l'an prochain, aurait inévitablement produite la perturbation d'un volume en formation. Je suis pleinement exempt aussi de toute inquiétude matérielle, en ayant déjà la certitude que, sans aucun effort anormal, le minimum régulier de mon subside se trouvera, cette année, largement réalisé, pour la première fois.

Bornez-vous donc, mon éminent disciple et digne patron, à recevoir l'expression finale de la profonde reconnaissance que m'inspire une offre heureusement superflue.

AUGUSTE COMTE.

TRENTE ET UNE LETTRES
A M. EUGÈNE DEULLIN

1852-1857.

D'après les originaux conservés par M. Deulliń
et donnés à la Société positiviste.

A Monsieur EUGÉNE DEULLIN, banquier,
à Épernay (Marne).

Paris, le 15 Saint-Paul 64 (jeudi 3 juin 1852).

Monsieur,

En réponse spéciale à la première partie de votre honorable lettre d'avant-hier, je dois vous informer d'abord qu'on vous a dit la vérité quand on vous a annoncé l'extrême difficulté de trouver maintenant, dans la librairie régulière, un exemplaire complet de mon *Système. de philosophie positive,* sauf, par occasion, dans les ventes particulières. Mais je regrette de ne pouvoir moi-même satisfaire davantage votre vœu, ne possédant réellement que mon propre exemplaire de bibliothèque, relié à mesure que parut chacun des six volumes qui composent ce traité, de 1830 à 1842. Si j'en désirais un autre, je serais presque aussi embarrassé que vous pour me le procurer, quoique j'en aie successivement donné plus de trente.

Je tiens d'ailleurs à ce que l'on sache que cette extrême rareté, qui, depuis quelques années, fit graduellement surgir un prix exorbitant, ne profita jamais qu'aux libraires, et nullement à l'auteur. Depuis la publication du premier volume, au com-

mencement de juillet 1830, jusqu'à l'entière disso-
lution légale de mes relations avec l'indigne éditeur
en juin 1851, ces *six* volumes ne m'ont valu, en
vingt-un ans, que *trois* mille francs, dont le dernier
quart ne put même être obtenu, l'an passé, que
d'après un jugement formel du Tribunal de commerce de Paris. Cette première édition fut pourtant
de *mille* exemplaires, aujourd'hui dispersés en
Europe et en Amérique.

Pour mieux préciser ces renseignements, je dois
ajouter que le prix exceptionnel d'aujourd'hui tient
surtout au premier volume, dont la publication
précéda de cinq ans celle du second, par les suites
industrielles de la révolution de 1830. C'est, je
crois, le seul qui soit entièrement épuisé. Tous les
autres peuvent être acquis, à des taux raisonnables,
chez l'indigne éditeur Bachelier, 55, quai des
Augustins. Vous y trouveriez certainement les trois
derniers, qui vous intéressent davantage, comme
directement relatifs à la science sociale.

A mesure que la morale positive se développe et
se coordonne, je dois, autant que possible, faire
marcher de front sa digne pratique personnelle et sa
construction théorique. Je me suis ainsi trouvé
conduit, depuis deux ans, à renoncer solennellement aux profits matériels que pourraient désormais
me procurer mes écrits quelconques, ayant reconnu
démonstrativement la monstruosité sociale de notre
prétendue *propriété littéraire*. Dès lors je ne retire rien
de la vente de mes divers ouvrages, au delà du recou-
vrement nécessaire des frais typographiques, jusqu'à

ce qu'une juste munificence, privée ou publique, me
débarrasse de cette corvée pécuniaire, pour me
laisser tout entier à ma grande élaboration. Cette
pratique, déjà très développée, devient, j'ose le dire,
d'autant plus décisive, que l'auteur, dont l'ouvrage
fondamental vient d'atteindre un prix exagéré, se
trouve maintenant n'être lui-même abrité contre la
misère que par une noble souscription publique,
qui jusqu'ici n'est pas suffisante, quoique je compte
qu'elle le sera bientôt.

Dans cette situation, j'ai loyalement offert toutes
les facilités qui dépendent de moi pour hâter une
seconde édition de ma *Philosophie positive*, en y
réduisant d'avance la dépense totale aux seuls frais
d'impression. Même depuis que mon ancien éditeur
n'a plus aucun titre légal pour entraver cette
opération de librairie, j'ai manifesté la disposition
à autoriser la réimpression spéciale du premier
volume, seul impossible à trouver couramment.
Elle ne coûterait que *deux mille francs,* et, chaque
exemplaire étant fixé à *dix francs* seulement, les
frais seraient probablement recouvrés bientôt, même
avec bénéfice. Afin de remplir encore mieux mon
devoir envers le public, j'ai utilisé la résidence à
Bruxelles d'un éminent disciple pour faire proposer
cette minime opération typographique aux utiles
entrepreneurs que l'on qualifie injurieusement de
contrefacteurs belges. Mais aucun d'eux n'ose encore
risquer les poursuites fiscales que l'avidité de nos
lettrés oppose à leur intervention française, quoique
j'aie proposé de l'autoriser, par écrit, en ce qui

concerne cette réimpression, à laquelle j'aurais seul le triste *droit* de m'opposer. Quant à diriger moi-même une seconde édition complète de mon ouvrage fondamental, c'est ce que le cours général de mes travaux essentiels m'interdit avant dix ans, vu quelques modifications et additions nécessaires, outre les soins matériels. Mais si tout autre veut auparavant opérer, en totalité ou en partie, une *réimpression* pure et simple, je suis tout prêt à autoriser quiconque 'offrira les justes garanties sociales de fidélité et de correction, pourvu d'ailleurs que cela ne me suscite aucun soin spécial.

Outre ces explications décisives, je dois vous avertir que j'ai commencé, l'an dernier, la publication de mon second grand ouvrage, le *Système de politique positive* en quatre volumes, que la postérité regardera sans doute comme ma principale construction, quoique fondée d'ailleurs sur l'autre. Je crois, d'après votre lettre, que ce traité vous convient mieux que le précédent, dont l'étude n'est vraiment indispensable qu'aux théoriciens, tandis que les praticiens, qui veulent seulement appliquer et propager le positivisme sans participer à son élaboration systématique, pourront maintenant se contenter du nouvel ouvrage. Son premier volume parut en juillet 1851, et le second a été publié le mois dernier. Vous trouverez l'un au prix de 8 francs, et l'autre à 6 francs (car j'ai permis la vente séparée de tous les tomes malgré leur intime connexité) : 1° à la librairie philosophique de Ladrange, 41, rue Saint-André-des-Arts ; 2° à la librairie scientifique-

industrielle de Mme Vve Mathias, 15, quai Mala-
quais ; 3° chez Carilian et Dalmont, libraires des
ponts et chaussées, 49, quai des Augustins. Enfin,
tous deux peuvent être achetés aussi chez moi, 10,
rue Monsieur-le-Prince.

Le tome IIIe de ce traité décisif paraîtra l'an
prochain, et je publierai, en 1854, le quatrième
ou dernier volume. Mais déjà le premier vous fera
dignement apprécier l'ensemble du positivisme,
philosophique, politique, et même religieux, d'après
le discours préliminaire qui forme sa première
moitié. Le tome qui vient de paraître contient
toute la théorie abstraite de l'ordre humain.

J'ai cru, Monsieur, devoir insister sur ces scru-
puleuses informations parce que votre digne lettre
m'indique une résolution vraiment sérieuse de
connaître profondément la seule doctrine qui puisse
terminer l'immense révolution occidentale d'après
une conciliation radicale entre l'ordre et le progrès.
La situation dictatoriale où notre république se
trouve irrévocablement arrivée (sauf les mutations
personnelles, légales ou illégales) permet et même
provoque des méditations fortes et opiniâtres sur
l'anarchie mentale et morale au milieu de laquelle
la fatalité historique nous force de vivre. Quoique
la discussion soit actuellement trop entravée, et
même l'exposition pas assez libre, on pense déjà
beaucoup plus, et surtout beaucoup mieux, que
quand nous étions, comme il y a un an encore,
dominés par de misérables parleurs. Ces dispositions
sérieuses, seules dignes d'une situation très grave

où l'anarchie restera toujours imminente jusqu'au libre triomphe d'une nouvelle foi occidentale, vont de plus en plus prévaloir, d'abord chez nos prolétaires, et ensuite parmi leurs dignes chefs industriels. Faisant partie de ces derniers, et même de leur classe la plus susceptible d'une haute portée politique en vertu d'une meilleure généralité de vues habituelles, vous m'offrez, Monsieur, un véritable intérêt, que j'espère vous avoir témoigné par l'étendue même de cette lettre initiale. Vous me trouverez donc toujours disposé à vous seconder, par écrit ou de vive voix, dans les consciencieuses méditations théoriques que vous allez entreprendre, afin de donner à votre ascendant pratique toute la dignité et l'efficacité qui peuvent vous rendre un précieux coopérateur de la vraie régénération.

Salut et fraternité.

AUGUSTE COMTE.

(*10, rue Monsieur-le-Prince*).

II.

A Monsieur EUGÉNE DEULLIN, banquier, à Épernay (Marne).

Paris, le lundi 18 Saint-Paul 64.

Monsieur,

Je m'empresse de répondre à votre excellente lettre de vendredi, pour vous témoigner combien

je suis touché des heureuses dispositions, de cœur
et d'esprit, qui s'y manifestent.

Votre résolution de n'étudier ma *politique* qu'après
ma *philosophie* est d'une grande sagesse, très rare
aujourd'hui, même chez les meilleurs théoriciens.
Les motifs spéciaux sur lesquels vous la fondez
m'indiquent une vraie connaissance de la nature
humaine, et une intention sérieuse de l'utiliser pour
votre propre perfectionnement moral, qui constitue,
au fond, la principale destination de toute digne
vie. Je ne doute pas que vous n'y parveniez solide-
ment, si vous persistez dans une telle tendance.
Quoique j'ignore votre âge, je présume que vous
en êtes encore à la *première vie.* La seconde, seule
décisive, ne commence, à mes yeux, que vers
quarante-deux ans, lors de la pleine maturité, corporelle et cérébrale, complétée par un suffisant
exercice de l'existence réelle, tant publique que
privée. A l'éducation proprement dite, d'abord
spontanée, puis systématique, nous avons alors
ajouté l'indispensable préparation pratique que le
cœur et l'*esprit* reçoivent de la vie active et nous
avons aussi développé enfin le *caractère,* jusque-
là peu cultivé. Nous avons surtout subi, dans
toute sa plénitude, la sainte influence de la femme
qui, nous ayant d'abord ébauché comme mère,
et accessoirement comme sœur, doit ensuite agir
sur nous comme épouse, et même secondaire-
ment comme fille, pour que toute notre valeur
morale se trouve assez cultivée. Si vous n'avez pas
encore subi cette préparation finale, je vous engage

à ne pas la négliger : elle importe encore davantage, pour la noble et difficile régénération que vous avez en vue, que la meilleure systématisation intellectuelle. Vous pourrez ainsi commencer ensuite votre *seconde vie* avec l'entière confiance de bien employer, pour l'humanité comme pour vous-même, la période de vingt-un ans que dure ordinairement sa pleine énergie. Le principal tort que nous font aujourd'hui les habitudes voltairiennes ou négatives que vous déplorez si justement consiste certainement à nous détourner de la culture du cœur, si familière à nos chevaleresques ancêtres. Je saisis cette occasion de vous tracer incidemment des indications qui, j'en suis maintenant certain, ne seront pas infructueuses.

Quoique j'approuve votre résolution de n'étudier mon second traité qu'à la suite du premier, je vous engage pourtant à vous procurer immédiatement le tome IIe, qui vient de paraître, de ma *Politique positive,* dont vous possédez déjà le premier volume. Dussiez-vous n'en lire aujourd'hui que la préface, elle vous apprendrait, d'après son quadruple appendice, d'importants renseignements sur l'attitude normale du positivisme envers la récente situation dictatoriale de notre république, et aussi sur ma vraie position personnelle, comme sur mes moyens de publication.

Ces informations vous feront sentir que l'honorable proposition contenue dans votre seconde lettre devient heureusement inutile, du moins quant à présent, ·quoique je sois maintenant presque assuré de pouvoir désormais publier mes écrits à mesure qu'ils s'achèveront, surtout les plus prochains. Une souscription relative à leur impression ou réimpression aurait actuellement le grave inconvénient d'entraver celle qui concerne ma propre subsistance matérielle, et qui est encore insuffisante, quoiqu'elle soit irrévocablement devenue ma seule ressource contre la misère, d'après les iniques spoliations accomplies envers moi par les coteries scientifiques. Il serait d'ailleurs plus simple de l'augmenter assez pour que, devenue supérieure à mes besoins personnels, elle me permît de payer moi-même tous mes frais typographiques. Mais je n'en dois pas moins une vraie gratitude aux généreux sentiments que vous me témoignez à cette occasion, et qui peuvent aisément recevoir une destination plus opportune, où la prudence justement recommandée par votre ombrageuse situation actuelle se trouverait spontanément respectée.

Quant aux offres de votre imprimeur d'Épernay, je dois d'abord vous informer que les prix indiqués diffèrent très peu de ceux que je paye à M. Thunot. D'ailleurs, outre l'embarras d'imprimer au loin, la morale positive recommande, en général, de conserver autant que possible les fonctionnaires quelconques, aussi bien ceux que nous choisissons librement que ceux qui nous sont imposés. Enfin, mes excellents rapports avec l'imprimerie Thunot, depuis dix ans, me font un devoir spécial de n'en prendre jamais d'autre tant qu'elle restera sous le même chef.

Ma pleine approbation de vos projets d'études systématiques ne doit pas me faire négliger les conseils que permettent mes cinquante-quatre ans et mon libre sacerdoce envers un éminent adepte, dont je pourrais probablement être le père. C'est pourquoi je vous recommande cordialement de ne jamais vous laisser ainsi détourner de vos fonctions spéciales par une exorbitante prépondérance de votre office général pour la régénération occidentale. J'espère même que le positivisme vous fera mieux apprécier la noble profession que vous exercez, et vous conduira seulement à la perfectionner activement, en l'épurant de tout agiotage, l'agrandissant par de dignes commandites, et l'ennoblissant d'après un sage et généreux patronage. Les banquiers sont les généraux naturels de l'industrie moderne. A ce titre, le positivisme leur réserve la suprématie temporelle de l'Occident, quand leurs dispositions morales et mentales seront au niveau de leur destination sociale, et lorsque le digne avènement du vrai pouvoir spirituel aura débarrassé le gouvernement proprement dit de tout office théorique. En expliquant, dans le cours hebdomadaire que j'ai fait pendant les trois dernières années, le régime final de l'Occident régénéré, j'ai représenté cette haute classe industrielle comme composée, pour toute la république occidentale, de *deux mille* maisons de banque, possédant chacune, directement ou indirectement, un capital d'environ *dix millions*. Leur nombre (dont *six cents* pour notre France seule, ou *sept* par département) serait égal à celui des temples

de l'Humanité, desservis chacun par *dix* philosophes (*sept* prêtres et *trois* vicaires ou suppléants),
en sorte que chaque banquier deviendrait le tuteur
temporel du temple correspondant, en dispensant
les philosophes de toute diversion et aussi séduction
matérielle. Ces simples aperçus, qui seront complétés
et consolidés dans le quatrième volume de mon
traité actuel, peuvent déjà vous indiquer, comme
ils l'ont fait à mon libre auditoire, quelle haute
importance j'attache à la classe industrielle dont
vous faites partie, et dès lors combien je dois
mettre de prix à la digne préparation d'un de ses
membres les mieux disposés. Avant même d'occuper,
dans chaque état occidental, le triumvirat politique
vers lequel nous tendrons bientôt, cette industrie
d'élite est directement appelée par la généralité de
ses vues assistées d'une meilleure générosité de
sentiments, à seconder activement la dernière
transition occidentale. C'est surtout d'elle que doit
émaner la nouvelle chevalerie qui régularisera le
libre protectorat des forts envers les faibles. Destinée
à consolider habituellement l'ordre final, cette
grande réinstitution doit concourir encore davantage à le préparer et à le faire prévaloir. Or, les
banquiers sont certainement appelés mieux que les
autres industriels à l'ébaucher spontanément. Vous
voyez donc, Monsieur, que, outre vos nobles
tendances personnelles, votre propre situation sociale
me rend spécialement précieuse votre sincère
conversion au positivisme.

Je ne dois pas achever cette longue lettre sans

m'expliquer souverainement sur les touchants motifs qui vous font proposer de reculer d'une génération la nouvelle ère occidentale. Quoique pénétré de reconnaissance pour les sentiments qui vous ont inspiré cette proposition, j'espère que vous comprendrez aisément l'importance d'éviter toute allusion personnelle envers de telles décisions, quand on peut les fonder sur un incomparable ébranlement social. C'est un grand mérite du positivisme de pouvoir être nettement qualifié sans ces noms d'homme, que durent employer les vagues systématisations antérieures, bouddhisme, christianisme, mahométisme, kantisme, etc. Aussi n'ai-je jamais négligé de repousser les titres qu'une admiration irréfléchie voulut quelquefois emprunter à ma personne pour ma doctrine. Nous devons surtout maintenir et préconiser la grande continuité humaine, d'après laquelle je suis seulement *l'organe* individuel dont l'humanité se sert pour systématiser sa destinée finale. Mais, en outre, il faut mettre beaucoup de soin à relier aujourd'hui la révolution *positive* que nous commençons avec la révolution *négative* qu'accomplirent nos précurseurs immédiats, car elles sont profondément solidaires, quoique les révolutionnaires arriérés méconnaissent cette filiation. Je dois spécialement vénérer le grand Condorcet comme mon principal préparateur, puisque, au milieu des dispositions les plus antihistoriques qui jamais existèrent, il osa tenter de fonder enfin la politique sur l'histoire, pour la dégager irrévocablement de toute théologie. Quoique son effort dût avorter faute d'une vraie théorie, alors impossible, sur l'évolution humaine, il n'en a pas moins caractérisé ma principale tâche, en me fournissant, dès ma première jeunesse, un précieux fanal au milieu du brouillard révolutionnaire. Ainsi, même la découverte fondamentale dont vous parlez se trouva déposée en germe dans l'immense ébranlement d'où surgit, pour la première fois, une telle tentative. Nous sommes donc, à tous égards, les vrais continuateurs de cette grande révolution, dont nos misérables *rouges* ne représentent aujourd'hui que les singes. C'est avec nous et non parmi eux que se trouveraient maintenant tous ceux de nos pères qui, soit comme penseurs, ou comme hommes d'État, ébauchèrent véritablement la république française. L'ère historique dont j'ai fait choix fournit maintenant à la transition occidentale le meilleur moyen d'honorer dignement cette grande crise, qui seule nous lie immédiatement à l'ensemble du passé moderne, en évitant néanmoins des appréciations personnelles qui n'ont pas encore acquis une suffisante maturité pour distinguer irrévocablement les types illusoires ou vicieux de ceux que l'histoire érigera finalement en vrais représentants de l'explosion décisive.

Salut et fraternité.

Auguste Comte.

(*10, rue Monsieur-le-Prince.*)

III

A Monsieur EUGÉNE DEULLIN, banquier,
à Épernay.

Paris, le samedi 24 Saint-Paul 64.

Monsieur,

La lettre que j'ai reçue avant-hier m'a surpris agréablement en m'apprenant combien votre âge est au-dessous de ce que j'avais conjecturé. Cette circonstance donne une nouvelle valeur à la sagesse de vos vues et à la fermeté de vos résolutions, en même temps qu'elle fortifie mon espoir de concourir heureusement à votre perfectionnement, surtout moral. Ma recommandation antérieure sur l'importance de la vie domestique se trouvant ainsi devenue superflue, il ne me reste qu'à vous confirmer dans la douce existence intérieure que vous avez obtenue déjà. J'espère que le positivisme vous fera de plus en plus sentir le prix des affections d'époux et de père, d'où dépendent à la fois notre bonheur privé et notre meilleure préparation à la vie publique. L'attention que vous accordez à mes conseils sur la sollicitude scrupuleuse qu'exigent avant tout les devoirs spéciaux de votre profession, me donne l'assurance que vos prochaines études systématiques ne vous en détourneront jamais, et leur procureront, au contraire, plus de dignité comme de consistance, en vous faisant mieux sentir leur connexité avec la véritable économie générale. Il faut que les positivistes tiennent à devenir, aux yeux de tous, les meilleurs types des fonctions quelconques qu'ils exercent ; c'est le mode le plus efficace pour recommander activement leur doctrine. Mes lettres, comme mes entretiens, seront toujours à votre disposition afin de vous aider, autant que possible, dans la grande tâche de votre perfectionnement personnel, domestique et social. Ne craignez pas d'y recourir librement, chaque fois que vous en éprouverez le besoin. Cette influence privée, quand elle s'exerce envers ceux qui la méritent, m'a toujours semblé faire autant partie de mon service social que mes divers enseignements publics. J'ai, depuis longtemps, plusieurs dignes correspondants, qui jamais n'attendent mes réponses. Ne lisant ni journaux quelconques, même scientifiques, ni d'autres livres que les grands poèmes occidentaux, anciens ou modernes, j'ai naturellement une disponibilité que nos vicieuses habitudes refusent aujourd'hui aux plus rangés ; dans mes plus forts accès de travail, je réserve d'ailleurs chaque jeudi pour les entretiens ou correspondances que je ne pourrais habituellement accomplir alors. Ces détails vous inspireront, j'espère, la confiance de m'adresser sans scrupule vos demandes et vos épanchements.

Je suis très touché de votre noble proposition sur la réimpression du premier volume de ma

Philosophie positive. Elle est pleinement acceptable dans la forme que vous préférez. Déjà s'est offert spontanément un jeune positiviste pour corriger dignement les épreuves qui lui seraient envoyées d'Épernay, par paquets de *dix feuilles* à la fois. Ayant ainsi garanti la fidélité de cette réimpression, je n'ai plus d'autre condition d'intérêt public à vous imposer que de ne pas élever au delà de *dix francs* le prix de ce volume. Si, comme je le présume, cet engagement vous convient, je vous autoriserai formellement à diriger cette opération sous votre entière responsabilité, et en vous laissant la libre disposition des profits quelconques, envers lesquels je renouvellerai plus authentiquement mes déclarations publiques, au cas où cette lettre ne vous semblerait pas suffisante pour déterminer votre décision finale. Je n'ai d'ailleurs aucune inquiétude sur la constance de votre digne résolution d'employer tous les produits que cette petite entreprise pourrait procurer, au seul service public du positivisme, sans aucune destination privée. Vous allez ainsi rendre un véritable service aux nombreux lecteurs qui ne peuvent aujourd'hui se procurer mon ouvrage fondamental. Car, les cinq autres volumes pouvant jusqu'ici s'obtenir couramment à *huit francs* chacun, le premier étant dès lors accordé pour *dix francs,* l'ensemble du traité ne coûtera que *cinquante francs,* comme le vendait, depuis plusieurs années, l'avide éditeur, avant l'épuisement du tome initial.

Votre désir naturel d'entrer en rapport personnel avec d'autres disciples du positivisme sera facile à satisfaire quand vos affaires vous permettront de venir passer quelques jours ici. Je vous mettrais alors en relation directe avec plusieurs frères, de votre âge surtout, qui vous fourniraient ensuite une heureuse correspondance. En attendant, je ne puis vous indiquer, dans votre voisinage, qu'une digne relation à former, pour laquelle cette lettre vous servirait, au besoin, de suffisante introduction. A six myriamètres d'Épernay, vous trouveriez à *La Ferté-Gaucher* (Seine-et-Marne), un digne membre de la Société positiviste, M. le docteur *Cousin*, médecin, âgé de quarante-deux ans, et récemment veuf avec une jeune enfant. Il mérite toute votre confiance, surtout par la rare élévation de son cœur et de son caractère, que le matérialisme médical n'a point altérés, et qui sent profondément l'efficacité morale, même privée, de la religion positive. Si vous aviez le temps de lui faire une visite, ce serait le meilleur mode d'inaugurer une intéressante liaison. Mais, même par simple correspondance, vous le trouverez, je crois, tout disposé, surtout envers un frère plus jeune et moins avancé, quoique aussi zélé que lui.

Salut et fraternité.

Auguste Comte.

(*10, rue Monsieur-le-Prince.*)

IV

A Monsieur **EUGÉNE DEULLIN**, *banquier,*
      à Épernay.

Paris, le jeudi 1ᵉʳ Charlemagne 64.

Monsieur,

D'après votre lettre de lundi, j'ai envoyé hier à M. Noël Boucart, imprimeur à Épernay, par la voie des Messageries Laffitte, un exemplaire du tome Iᵉʳ de ma *Philosophie positive*. Ce volume était, à mon insu, dans le rebut de ma bibliothèque, parmi les livres inutiles ou dépareillés. Je le mets entièrement à la disposition du typographe, qui peut le dépecer sans scrupule pour la commodité de la réimpression. Mais je vous prie de lui recommander d'avoir exactement égard à toutes les modifications légères que j'ai d'abord marquées aux diverses parties du préambule de ce volume. En général, tout ce qu'on y trouve écrit à la main vient uniquement de moi, qui l'y mit avant-hier pour la seconde édition. La première était très correcte et n'exigea qu'un court *errata* à la fin, auquel il faudra recourir d'abord. On y remarque une discordance exceptionnelle entre le numérotage des feuilles et le nombre des pages : elle provient de ce que ce volume fut préalablement publié par livraisons, où l'on supposait complète chaque feuille ·finale quoique souvent incomplète.

Sans avoir encore consulté le jeune positiviste qui corrigera les épreuves, j'accepte pour lui la modification très raisonnable que vous demandez, de réduire à *cinq,* au lieu de *dix,* le nombre des feuilles qui lui seront envoyées à la fois, pour faciliter l'impression.

J'ai marqué *dix francs* comme prix de ce volume, mais sans prétendre ainsi vous obliger à l'accepter, pourvu qu'il ne soit pas dépassé. Cette indication est seulement destinée à marquer mon intention que le prix soit spécifié sur le livre, afin de mieux prévenir tout tripotage. Quoique les auteurs ne doivent tirer aucun profit matériel de leurs ouvrages, l'intérêt public exige qu'ils conservent la direction générale de leur propagation, dont ils peuvent mieux comprendre l'esprit et les conditions.

Le caractère employé dans ce volume pourrait être plus serré sans aucun inconvénient. Car le tome IIe, récemment publié, de mon système de *Politique positive,* quoique formé seulement de 31 feuilles, contient autant de lettres que celui-là, qui a 46 feuilles, dont les pages n'offrent réellement que les *deux tiers* des autres. Vous seul devez décider à cet égard la justification qu'il conviendra d'employer, et qui doit influer, d'une part, sur les frais typographiques, d'une autre part sur le prix du volume. Tous les autres tomes de ma *Philosophie positive* sont, il est vrai, conformes à ce premier, et se vendent couramment

:*huit francs*, ce qui me permet d'élever jusqu'à *dix francs* le prix exceptionnel du premier, si vous le jugez convenable. Mais, d'un autre côté, quand je dirigerai moi-même une nouvelle édition de ma *Philosophie*, je suis décidé à préférer le type actuellement employé pour ma *Politique*, afin que les *six* volumes deviennent à la fois plus maniables et moins chers. Toutefois, ne prenez ces indications que comme de simples renseignements, d'après lesquels le généreux éditeur doit seul décider librement.

Salut et fraternité.

AUGUSTE COMTE.

(*10, rue Monsieur-le-Prince*).

P.-S. — En répondant avant-hier à M. le Dr Cousin, je l'ai informé de l'invitation que je vous avais faite à son égard ; ce qui doit vous faciliter l'initiative de cette digne fraternisation.

V

A Monsieur EUGÉNE DEULLIN, banquier,
à Épernay.

Paris, le lundi 5 Dante 64.

Monsieur,

Au milieu de mon élaboration du *Catéchisme positiviste*, je saisis un moment de loisir imprévu pour répondre, plus promptement que je ne l'espérais, à votre lettre de vendredi. Les cinq épreuves avec lesquelles je l'ai reçue avant-hier ne sont point encore remises au jeune positiviste qui veut bien se charger de la correction *(M. Deroisin fils, avocat, 33, rue de l'Ouest, Paris)*. En effet, il ne pourrait encore s'en servir aucunement, puisqu'on a négligé d'envoyer, suivant l'usage universel, l'original correspondant, qui tient ici lieu de manuscrit. Je vous prie de vouloir bien faire réparer cet oubli le plus promptement possible, et recommander qu'il ne se renouvelle point.

Quant au renvoi des épreuves à M. Deroisin lorsqu'on les aura corrigées, j'ignore si l'on pourra toujours s'en dispenser. Envers l'imprimerie de M. Thunot, que je connais depuis dix ans, je mets souvent le *bon à tirer* sur la première épreuve, parce que, les fautes étant ordinairement peu nombreuses, j'ai, par expérience, acquis une suffisante confiance dans leur correction effective pour demander rarement une *seconde épreuve*. Mais je sais que ce cas est exceptionnel chez les typographes, et je ne puis savoir si M. Deroisin devra procéder ainsi, quoique je sois certain qu'il ne fera pas revenir des épreuves sans quelques motifs raisonnables. Je dois seulement assurer qu'il faudra renouveler celle de la première feuille, à raison d'un avis spécial que je viens d'y inscrire sur cette seconde édition. Quoique cet *avis* soit fort court, il importe de constater expressément son exacte reproduction.

Je ne vois aucun inconvénient au tirage exceptionnel sur papier de luxe pour quelques exemplaires dont le prix serait doublé. Toutefois, je désire que le nombre en reste peu considérable, sans que je doive pourtant le fixer.

Au sujet d'une prochaine réimpression des tomes II et III de ma *Philosophie positive,* je suis tout aussi disposé qu'envers le premier volume à autoriser, de la même manière, votre noble zèle, si vous pensez que la situation le comporte, ce que j'ignore totalement. Quand cette nouvelle opération commencera, je fixerai, comme dans le cas actuel, le maximum du prix. J'aurai d'ailleurs à spécifier alors la suppression d'un chapitre entier du tome IIe. Mais je ne puis aucunement consentir au morcellement d'aucun volume. Le premier fut jadis publié d'abord par livraisons ; en sorte que j'ai pu reconnaître ainsi les inconvénients d'un tel mode, auquel dès lors je me promis de ne jamais revenir.

Salut et fraternité.

AUGUSTE COMTE.

(10, rue Monsieur-le-Prince.)

P.-S. — Pour satisfaire le désir que vous m'avez d'abord témoigné de former, dans votre voisinage, quelque relation positiviste, je vous indiquai le Dr Cousin, médecin à La Ferté-Gaucher. Mais j'ai remarqué depuis que je pouvais, en outre, vous désigner, à la même distance et sur une ligne plus fréquentée, un autre contact personnel. Il concerne *M. Egret,* membre de la Société positiviste, résidant à La Ferté-sous-Jouarre. C'est un ancien meunier,

âgé de quarante-quatre ans, qui, privé d'un bras par
un engrenage de ses moulins, fait, depuis quelques
années, un commerce de meules fort actif, qui lui
donne lieu de voyager beaucoup. Quoiqu'il soit peu
lettré, ou peut-être à ce titre même, il est doué
d'un jugement très sain, dignement cultivé par les
impulsions pratiques. Son cœur honnête et son
caractère ferme me le font d'ailleurs regarder comme
un précieux adhérent au positivisme, tant social
qu'intellectuel, malgré la rareté de nos rapports
individuels. Ayant eu récemment occasion de lui
écrire, je l'ai averti de l'ouverture que je vous fais
maintenant à son égard.

VI

A Monsieur EUGÉNE DEULLIN, banquier,
à Épernay.

Paris, le jeudi 8 Dante 64.

Monsieur,

Ce n'est pas pour diminuer la juste indépendance
des vrais penseurs que j'ai renoncé systématiquement à tous profits littéraires. Au contraire, c'est
surtout afin de la développer et de la consolider, en
purifiant leur caractère social des conditions vénales
que l'anarchie moderne y mêla profondément
depuis environ un siècle. En supprimant l'ignoble

législation qui régit la prétendue *propriété littéraire,* il faudra respecter, et même augmenter, la digne surintendance que les auteurs doivent toujours exercer, sous leur responsabilité morale, sur tout ce qui concerne la publication de leurs propres ouvrages, que seuls ils peuvent diriger convenablement. Dans la présente situation, je dois donc utiliser dignement les avantages inhérents à mon abnégation exceptionnelle pour introduire de nouveaux précédents, qui feront autorité plus tard. Le prix que je reçus de la première édition de ma *Philosophie positive* ayant toujours été trouvé très minime, même il y a vingt ans, quand l'auteur et l'ouvrage étaient fort peu connus, je suis certain que, malgré les embarras actuels, j'obtiendrais aujourd'hui le double au moins pour la seconde édition d'un traité dont le succès est accompli, si je voulais suivre les usages dominants. Je fais donc librement un sacrifice d'au moins 1.000 francs par volume, rendu plus méritoire par la situation précaire de mon existence matérielle, telle maintenant que j'ignore comment je dînerai l'an prochain, ce qui d'ailleurs ne m'occupe guère. Mais je dois obtenir en dignité un juste équivalent de ce que je perds volontairement en richesse. J'userai de cette nouvelle position, seule digne d'un vrai théoricien, pour réparer les usurpations antérieures des éditeurs quelconques, intéressés ou gratuits, accomplies en un temps où les auteurs, ayant vendu leur indépendance, ne pouvaient plus en réclamer l'usage.

D'après ce préambule général, je dois d'abord

vous répéter que je ne consentirai jamais à morceler la publication d'aucun volume, pas plus du tome ii ou iii que du précédent et des suivants. C'est assez de consentir à publier les volumes séparément. Mais j'ai maintenant de nouvelles conditions à vous expliquer envers ces réimpressions projetées. Quant à celle du tome i^{er}, votre dévouement étant complet, j'ai dû, après vous avoir fait les observations convenables sur le mode d'exécution, vous laisser seul décider à cet égard, quelle que puisse être ma propre opinion sur la résolution que vous avez librement prise. Mais vous ne pouvez obtenir la même faculté pour le tome ii, dont, suivant votre lettre d'avant-hier, vous n'entreprendrez la réimpression qu'après être d'avance couvert des frais correspondants par les bénéfices résultés de la vente du tome i^{er}.

Dans cette nouvelle situation, je dois aujourd'hui vous déclarer préalablement, comme une condition *sine quâ non*, de toute réimpression du tome ii ou de quelque autre, qu'elle s'accomplisse chez M. Thunot, et non ailleurs, à moins que cet imprimeur ne refusât lui-même une telle opération. Vous savez déjà que, d'après ses procédés envers moi depuis dix ans, je me suis promis de ne jamais employer une autre imprimerie, toutes les fois que j'aurais le choix. Je ne pouvais l'avoir envers la réimpression du tome i^{er}, où votre généreuse attitude exigeait que je vous laissasse une entière liberté. Mais, le cas étant différent pour les volumes suivants, je reprends ma résolution normale, après une suspension exceptionnelle. Outre ma juste gratitude envers cette excellente maison, l'utilité publique, dont je suis ici le surveillant, motive cette préférence sur tout imprimeur d'Épernay ou d'ailleurs. Mais l'avénement général du positivisme, que je puis seul diriger convenablement, me prescrit d'ailleurs d'y rattacher, autant que cela se peut honorablement, une maison industrielle, soit bibliographique soit surtout typographique. Notre grand précurseur Diderot, en dirigeant la principale élaboration du dernier siècle, se trouva fort bien d'y combiner heureusement la maison Panckoucke (1).

Aujourd'hui je dois plutôt penser aux imprimeurs qu'aux libraires ; car cette dernière profession n'a pas d'avenir, et sa décadence est déjà sensible, tandis que l'autre grandit chaque jour. L'imprimerie Thunot n'est pas, sans doute, la plus considérable de Paris ; mais c'est, à ma connaissance, la mieux tenue, ce qui doit nous importer davantage. Je me félicite donc de pouvoir dignement la rattacher au positivisme, et je saisirai toute occasion honorable d'augmenter cette connexité. Pour cela, je ne dois pas lui procurer seulement les opérations hasardeuses, et laisser à d'autres celles dont le succès est assuré. J'espère que cette pensée générale de haute prudence surmontera tout ce que pourra d'abord vous offrir de désagréable la condition proposée, qui d'ailleurs doit le devenir beaucoup moins

(1) Auguste Comte fait ici confusion de noms ; il veut parler de l'imprimeur-libraire Lebreton qui publia l'*Encyclopédie* et dont Diderot n'eut pas toujours à se louer.

dans un cas où vous ne feriez aucune avance réelle. Toutefois, comme j'ignore ce que vous déciderez à cet égard, je ne puis maintenant vous parler d'aucune condition accessoire sur l'autorisation que vous me demandez avant de connaître votre résolution quant à la principale.

Salut et fraternité,

AUGUSTE COMTE.

(*10, rue Monsieur-le-Prince*).

VII

A Monsieur EUGÈNE DEULLIN, banquier,
à Épernay.

Paris, le jeudi 15 Dante 64.

Monsieur,

Votre dernière lettre m'est arrivée le jour même où commence ma poussée hebdomadaire de travail, qui toujours s'étend du vendredi matin au mardi soir. Ce motif seul m'a forcé d'en ajourner la réponse jusqu'au jeudi, journée que je réserve entièrement à mes correspondances et à mes entretiens, après avoir consacré le mercredi au saint pèlerinage qui ranime chaque semaine mes meilleures inspirations.

D'après vos nouvelles explications, je reconnais

que votre position envers la réimpression du tome IIe
de ma *Philosophie positive* ne serait pas entièrement
celle que j'avais d'abord jugée. Mais elle différe-
rait encore beaucoup de celle que vous aviez pour
le premier volume. Quant à celui-ci, votre avance
est complète, et sa rentrée reste encore incer-
taine. Il n'en serait plus ainsi dans l'autre réimpression. L'avance y demeurerait identique, mais
avec la certitude d'une prochaine rentrée, d'après
une récente expérience. Cette différence suffit pour
que je ne doive pas vous faire alors les mêmes
concessions qu'au début, surtout envers l'imprimeur.

Sous un autre aspect, votre explication n'affecte
aucunement le principal motif de ma résolution.
En effet, le cas reste toujours le même pour
M. Thunot, qui devrait trouver étrange que je
laissasse imprimer ailleurs les volumes dont les frais
typographiques sont couverts d'avance, en lui réservant seulement ceux où les pertes et retards de
payement demeurent possibles. Sans revenir sur les
explications contenues dans ma dernière lettre quant
à l'importance, encore plus publique que privée, de
ma condition indiquée, je dois vous déclarer que
j'y persiste complètement. Il n'y a donc pas lieu de
vous autoriser à réimprimer ce second volume
de ma *Philosophie,* tant que vous n'aurez pas
consenti d'abord à prendre M. Thunot pour imprimeur. Le motif personnel d'après lequel vous
m'expliquez votre refus à cet égard me semble
insuffisant, car on vous garderait ici le secret aussi
facilement qu'à Épernay. Au surplus, quelle que

soit votre décision en un cas dont vous êtes seul juge en ce qui vous concerne, la mienne est iné- branlable envers une mesure que je crois fort impor- tante pour les intérêts généraux de l'essor positiviste, que je dois seul diriger dans son ensemble, sous ma juste responsabilité morale. Comme vous le déclarait ma dernière lettre, je préfère, s'il le faut, voir ainsi retarder la réimpression de ce volume, plutôt que de donner un juste sujet de refroidissement à cette honorable maison.

Salut et fraternité.

AUGUSTE COMTE.

(*10, rue Monsieur-le-Prince*).

P.-S. — Je vous invite à supprimer la librairie Mathias parmi les trois que vous avez annoncées comme coopérant à la vente de la réimpression actuelle. C'est une maison dépourvue de toute consistance, depuis le récent suicide de son chef. J'ai beaucoup à m'en plaindre pour le payement des ventes provenues du dépôt que je lui ai continué envers ma *Politique positive,* et que je vais peut-être me voir forcé de lui retirer. Sans que cette librairie fasse aucune avance, je laisse à son intervention un profit considérable, et je ne puis pourtant obtenir les rentrées qu'elle a reçues pour moi. En ce qui me concerne, j'ai maintenant résolu de ne plus faire participer la librairie Mathias à mes publications quelconques.

VIII

A Monsieur EUGÉNE DEULLIN, banquier,
à Épernay.

Paris, le jeudi 22 Dant, 64.

Monsieur,

Quoique mes déclarations précédentes soient assez complètes, j'y joins aujourd'hui l'éclaircissement final qu'exige votre lettre du 16 Dante.

L'annonce à laquelle vous bornez maintenant votre demande, n'offre, à de moindres degrés, les mêmes inconvénients essentiels que la réimpression du tome II de ma *Philosophie*. En lisant, dans le premier volume, un tel avis, sans aucune autre explication, chacun présumera naturellement que l'impression du suivant émanerait du même typographe. Tout autre éditeur bénévole serait ainsi détourné de s'aboucher avec moi pour le tome II ou les suivants, me supposant dès lors engagé.

Par ces deux motifs, je conclus à ne pas autoriser davantage l'annonce de la prochaine réimpression du second volume de ma *Philosophie positive* que cette réimpression elle-même.

Salut et fraternité.

AUGUSTE COMTE.

(*10, rue Monsieur-le-Prince*).

IX

A Monsieur EUGÉNE DEULLIN, banquier,
à Épernay.

Paris, le jeudi 8 Gutenberg 64.

Monsieur,

Avant que commençât votre réimpression, je vous adressai, sur ses divers modes, des observations essentiellement équivalentes à celles dont me parle votre lettre d'avant-hier comme venues de M. Deroisin. Mais je les terminai en vous rappelant que la décision vous était exclusivement dévolue dans une entreprise faite à vos frais. Quand je vis l'exécution marcher en sens contraire de mes conseils primitifs, je m'abstins de vous rien exprimer à cet égard, tout en me réservant la libre appréciation permise. à chacun. Je continuerais la même conduite aujourd'hui si votre lettre ne me demandait pas une opinion formelle. Dès lors il est de mon devoir de vous déclarer que le mode typographique adopté me semble fort incommode pour le lecteur, et d'ailleurs tendre à faire regarder comme exorbitant le prix de *dix francs* pour un volume qui n'aurait ainsi que 400 pages. Je suis, du reste, décidé, quant aux autres volumes, à prescrire, aux éditeurs quelconques, le type de ma *Politique positive,* c'est-à-dire 32 lignes de 50 lettres par ligne.

Toutefois, la modification que vous proposez pourrait, cette fois, tout concilier suffisamment. Vous pouvez, en effet, ne pas perdre la composition déjà faite pour les cinq premières feuilles. Car les lignes n'y comptent que 55 ou 56 lettres, différence qu'on peut négliger. Il suffira donc d'un simple remaniement typographique qui réduise à 32 le nombre des lignes de chaque page, lequel monte actuellement à 40. Or, cet arrangement peu dispendieux vous conduit à 30 ou 32 feuilles pour le volume, qui dès lors ne vous coûtera pas plus de 2.000 francs, à moins que les prix d'Épernay ne surpassent ceux de Paris. Telle est donc la modification qui me semble suffire. Mais, je le répète, je n'en parle que pour satisfaire à votre demande, et en vous laissant toujours la décision exclusive, sous votre juste responsabilité morale.

Je vous remercie de vos bonnes intentions envers la *Revue Occidentale*. Toutefois, je crains que vous ne soyez point appelé bientôt à les réaliser. Car, le nombre des engagements est tellement minime jusqu'ici que je n'ai plus aucun espoir de commencer cette fondation au temps indiqué, quoique j'en aie certes réduit les frais autant que possible. La situation générale est extrêmement favorable au positivisme. Mais les positivistes ne sont pas, d'esprit, et surtout de cœur, au niveau de leur glorieuse mission. Il se pourrait cependant que la prochaine publication de mon *Catéchisme positiviste* déterminât un mouvement décisif pour notre propagande. Seul sur la brèche encore, il serait temps que je trouvasse enfin des auxiliaires vraiment actifs et dévoués. Il s'en prépare plusieurs parmi les jeunes positivistes : mais ils ne sont pas assez mûrs.

Salut et fraternité.

Auguste Comte.

(*10, rue Monsieur-le-Prince.*)

P.-S. — Je dois vous annoncer que, d'après ma rupture irrévocable avec M. Littré, je suis récemment devenu le seul directeur et gérant de la noble souscription publique qui constitue mon unique abri contre la misère. Veuillez en informer convenablement tous ceux que cet avis pourrait intéresser, afin que les envois quelconques soient désormais adressés directement à moi seul.

X

A Monsieur EUGÉNE DEULLIN, banquier,
à Épernay.

Paris, le dimanche 25 Gutenberg 64.

Monsieur,

Venant d'achever heureusement mon *Catéchisme positiviste,* je commence, après l'énorme travail accompli cette année, un repos de deux mois, avant d'écrire, dès novembre, le troisième volume de ma

Politique positive, afin qu'il paraisse en juin. Je profite de ce loisir naissant pour répondre immédiatement à votre lettre. La sincère déférence que vous m'y témoignez me touche d'autant plus qu'elle me prouve combien vos convictions ont pénétré jusqu'à vos sentiments, résultat fort rare aujourd'hui, même chez les positivistes, sauf les jeunes. Mais je n'avais pas besoin de recevoir les épreuves que vous m'annoncez, et dont je ne ferai nul usage. Je m'en rapportais entièrement à vous sur l'accomplissement d'une modification typographique que vous aviez jugée convenable. D'ailleurs, je n'ai pas lu deux pages de ce volume depuis plus de vingt ans, et je n'en lirai rien jusqu'au moment où je dirigerai moi-même, mais pas avant dix ans, une nouvelle édition de ma *Philosophie positive*. En autorisant cette réimpression, je me suis bien promis de ne m'en occuper aucunement.

J'ai noté votre engagement pour *une* action destinée à fonder la *Revue Occidentale*. Mais vous pourrez mesurer l'avortement actuel de cette troisième tentative, en apprenant que votre action est seulement la *treizième* inscrite parmi les *cent* qui sont indispensables ! La seule éventualité qui reste envers cette importante fondation ne peut aujourd'hui consister qu'à trouver un riche adhérent qui prît sur lui tous les frais, et tout l'honneur aussi, d'une telle entreprise si convenable à la situation actuelle de l'Occident. Peut-être le *Catéchisme* que je viens de terminer, et qui sera publié, j'espère, au commencement d'octobre (car l'impression de ce volume

in-12 d'environ 400 pages est déjà commencée),
déterminera-t-il une telle résolution chez quelqu'un
des opulents Américains qui s'intéressent au positivisme. Mais nous ne pouvons nullement compter
sur ce résultat.

Votre sommaire appréciation de l'État actuel me
paraît fort juste à tous égards. Néanmoins, malgré
l'affaissement général, il faut s'attendre à une nouvelle secousse, destinée à concilier la dictature avec
une suffisante liberté d'exposition et de discussion.
Quoique chacun sente qu'il n'y a guère à dire, on
reconnaît déjà que la compression actuelle est surtout destinée à dissimuler la nullité de la poignée
d'aventuriers sans racines qu'on laisse dominer
crainte de pis. Je prévois, avant la fin de 1853,
une dernière crise violente, qui transférera la dictature à M. Cavaignac (que je ne connais pas),
après un combat entre la partie républicaine et la
partie impérialiste de l'armée française, bientôt
départagées par le prolétariat parisien. Cette déplorable phase ne sera due qu'à la coupable impéritie
du dictateur actuel, sottement dominé par une
passion de *mamamouchi*, qui l'oblige seule à prolonger la compression. Mais j'espère que la crise
s'accomplira sans aucun entr'acte parlementaire, et
que la dictature ne fera que changer d'organe, avec
une pleine continuité. Si j'étais écouté, je conseil-
lerais même de modifier davantage la *Constitution*
actuelle, en ôtant à l'assemblée élective le vote des
lois, pour la réduire au budget, son seul office
normal. Vous savez que j'ai proposé ce régime dès

mon cours de 1847, et j'ai dernièrement grondé M. Vieillard de n'avoir pas osé porter ce coup décisif à la constitutionnalité. J'espère donc que les *rouges*, le plus méprisable et le plus haïssable de tous les partis actuels, ne gagneront rien à la nouvelle crise, ou plutôt qu'ils achèveront de s'y discréditer, par le mauvais usage qu'ils feront de l'amnistie générale qui devra survenir alors. Après quelques mois, le nouveau dictateur renverra la plupart de ces incurables, qui n'auront *rien appris ni rien oublié* (comme on disait des Bourbons), finir leur triste carrière à Londres ou à Bruxelles.

C'est seulement quand la dictature se trouvera conciliée avec la liberté, qui constitue sa condition normale, que le positivisme pourra pleinement développer, envers le communisme, la lutte décisive par laquelle doit se terminer la révolution occidentale. Nous ne devons pas craindre les communistes des villes, surtout prolétaires, parce que leurs extravagances sont inspirées par des sentiments généreux, quoique l'envie s'y mêle quelquefois. Les succès que le positivisme obtient chez ceux de Lyon indiquent assez la possibilité de nous rallier tous leurs nobles types, qui nous répondront des autres. Mais nous trouverons des adversaires moins dignes et plus réfractaires parmi les communistes des campagnes, qui ne visent, en général, qu'à des partages indéfinis; tandis que les ouvriers des villes sentent l'importance des grandes fortunes. Ces communistes ruraux auront naturellement pour docteurs la pire espèce de lettrés, c'est-à-dire leurs instituteurs, plus hostiles au positivisme que leurs curés. Néanmoins, l'opposition des campagnes ne servira qu'à mieux caractériser l'aptitude de la religion nouvelle à défendre l'ordre, la famille et la propriété, qu'elle peut seule protéger réellement contre les sophismes subversifs, auxquels le catholicisme conserve quelque consistance par son impuissante réprobation. Depuis Charlemagne, les campagnes ont toujours été conduites par les villes; et cette tendance normale ne cessera point aujourd'hui, malgré de vicieuses dispositions, d'ailleurs peu propres à rallier leurs partisans.

Je regrette que vous n'ayez pas suivi la noble relation commencée, pendant votre captivité passagère, avec le vieux capitaine dont vous me parlez. Quoique de tels types soient malheureusement très rares, ils sont les mieux disposés à la sérieuse appréciation du positivisme, comme seule doctrine capable de terminer une révolution dont ils ont personnellement suivi toutes les phases. Toutefois, cette dernière conviction commence à se propager spontanément parmi les conservateurs sincères, depuis que la situation dictatoriale, malgré son imperfection actuelle, pousse tout le monde à de fortes méditations sociales, incompatibles avec le charivari politique qui vient de finir irrévocablement.

Salut et fraternité.

Auguste Comte.

(*10, rue Monsieur-le-Prince*).

XI

*A Monsieur EUG. DEULLIN, banquier,
à Épernay.*

Paris, le jeudi 15 Frédéric 64.

Monsieur,

Votre bonne lettre de lundi m'a beaucoup touché, dès le début, par le noble aveu d'un premier mouvement, que j'aurais toujours ignoré sans ce libre épanchement. Nos précurseurs catholiques, malgré l'imperfection de leur théorie de l'homme, reconnurent empiriquement la profonde efficacité de telles déclarations spontanées pour notre amélioration morale. Le positivisme, qui les explique et les systématise, doit en développer davantage la pratique universelle et familière.

Je suis fort édifié du zèle que vous apportez à l'étude suivie de ma *Philosophie positive*. Mais pour le mieux utiliser, et même afin de prévenir les dégoûts que pourrait susciter une poursuite infructueuse, je dois vous indiquer une marche plus rapide et moins pénible envers les trois premiers volumes de ce traité fondamental. Les théoriciens sont seuls obligés de le lire en entier, sans rien omettre. Quant aux praticiens, après les deux chapitres d'introduction, ils doivent se borner au chapitre général qui commence chacune des cinq sciences préliminaires, mathématique, astronomie, physique, chimie et biologie. Cela suffit, et même vaut mieux, pour le but que vous me décrivez judicieusement. Toutefois, vu l'importance logique de la mathématique, je vous invite à lire, outre le chapitre relatif à son ensemble total, les trois qui concernent l'ensemble partiel du calcul, de la géométrie et de la mécanique. Vous avez donc, y compris l'introduction, six chapitres à lire dans le tome 1ᵉʳ, et seulement deux envers chacun des deux suivants. Cette préparation vous permettra, comme je l'éprouvai depuis dix ans chez divers praticiens, de lire intégralement la seconde moitié de mon ouvrage fondamental, entièrement relative à la science sociale. Je dois ajouter que la lecture scientifique dont je viens de vous indiquer le plan sera très heureusement complétée et· perfectionnée par la seconde moitié du tome 1ᵉʳ de ma *Politique positive,* où la comparaison vous fera sentir les progrès accomplis depuis le livre initial.

Votre active et prudente propagande m'inspire beaucoup d'espoir pour le digne avènement de la seule doctrine qui puisse fournir une issue à la révolution occidentale. Je regarde M. Laurent-Hanin comme une précieuse acquisition. En vous priant de lui transmettre le reçu ci-joint, je vous recommande de lui témoigner combien me touche la modicité même de sa cotisation, motivée par celle de ses propres ressources. Un tel envoi suppose, outre une sincère conviction, un noble empire sur la vanité que j'ai vue plusieurs fois pousser de vrais positivistes à ne souscrire nullement plutôt que de verser une somme aussi minime. J'ai pourtant déclaré, dans ma circulaire initiale de mars 1850, que je me tiendrais plus honoré si mon existence dépendait surtout de souscriptions d'un centime par jour.

Quant à vos moyens de prédication, je vous invite franchement à substituer désormais le *Catéchisme positiviste* au livre de M. Littré. Plusieurs mois avant ma rupture avec cet habile écrivain, j'avais déjà déclaré que je supprimerais son livre dans la seconde édition de la *Bibliothèque du prolétaire,* comme je viens de le faire. Il est non seulement insuffisant, mais nuisible par l'extrême imperfection de sa troisième et principale partie, que d'abord je n'avais pas lue, et qui concerne le *socialisme,* qualification que je dois repousser, puisqu'elle convient à MM. Eugène Sue et Victor Hugo, avec lesquels je serais très fâché d'être confondu politiquement. Mon *Catéchisme* est directement composé pour servir de guide systématique à notre propagande, sous la seule condition d'être convenablement expliqué, surtout quant au dogme.

La déplorable parodie que notre France va subir, par suite de son manque de foi sociale, peut être, pendant sa courte durée, fort utilisée pour le positivisme ainsi propagé. Car, nous allons alors devenir les seuls républicains véritables, d'après la profonde inconséquence qui paralysera tous les autres, repoussant ce résultat honteux de la souve-

rainete populaire, tout en persistant à fonder leurs
prétendues doctrines sociales sur ce dogme métaphysique. Nous, qui n'admîmes jamais l'égalité, nous
pouvons, là, faire dignement prévaloir le point de
vue positif caractérisé par l'esprit historique de toute
notre politique, planant sur les divagations, à la fois
anarchiques et rétrogrades, des diverses factions qui
veulent régir le présent sans connaître le passé
pour comprendre l'avenir. La royauté française,
irrévocablement abolie le 10 août 1792, après un
siècle de putréfaction croissante, ne fut jamais rétablie ensuite, malgré les fictions officielles. Voilà ce
que nous devons déclarer fermement, au nom de
l'histoire, comme je le fis il y a dix ans, quand nous
serons conduits à nous expliquer là-dessus, en ajoutant que l'illusion actuelle est la plus vaine et la
moins durable de ces apparences théâtrales, qui vont
dégénérer en cérémonie du *mamamouchi,* jouée sur
une immense scène. Mais nous devrons, pendant
cette triste phase, éviter, autant que nous le pourrons sans faiblesse, une telle appréciation politique,
pour nous consacrer à la prédication religieuse et
morale, suivant le type du *Catéchisme,* où le présent
est presque écarté, en faisant prévaloir l'avenir issu
du passé. Dans cette mesure, notre précieuse propagande pourra presque toujours éluder l'oppression
officielle.

Je ne puis aucunement commencer la prédication
personnelle que vous me recommandez envers
l'éminent industriel de Châlons, dont je voudrais
d'ailleurs savoir l'âge. Ceux qui peuvent l'aborder

devraient d'abord l'inviter à lire la *troisième partie* de mon discours sur l'ensemble du positivisme, le *deuxième chapitre* du tome second de ma *Politique positive,* et la *seconde* et *troisième* partie de mon *Catéchisme,* sauf à revenir ensuite sur le dogme, comme une femme. L'une de ces trois lectures peut assez frapper M. Jacquesson pour lui inspirer quelque manifestation, directe ou indirecte, qui me permettrait de prendre envers lui une initiative actuellement déplacée.

Nos relations sont tellement établies maintenant que je puis désormais céder sans scrupule, comme je le fais dès aujourd'hui, à la généreuse remontrance qui termine votre lettre de lundi.

Salut et fraternité.

AUGUSTE COMTE.

(*10, rue Monsieur-le-Prince*).

P.-S. — J'oubliais de vous féliciter de vos relations personnelles avec M. Deroisin, dont le cœur et l'esprit le rendent, à mes yeux, l'un des jeunes gens les plus recommandables que j'aie jamais connus.

XII

A Monsieur EUG. DEULLIN, à Épernay.

Paris, le jeudi 20 Homère 65 .

Monsieur,

D'après les précieux renseignements contenus dans votre lettre du 12 Homère, je regarde comme une heureuse acquisition pour le positivisme l'adhésion réfléchie et décisive que vous m'annoncez chez M. Poterlet, dont j'accueillerai dignement la modique participation au subside sacerdotal, qui va devenir de plus en plus un lien spécial entre les adhérents réels à la nouvelle foi, quelque minime que puisse être leur coopération matérielle, pourvu qu'elle soit vraiment au niveau de leurs propres ressources. Mais je n'ai pas moins apprécié votre soigneuse exposition en elle-même que quant à son objet. J'y remarque, avec une vive satisfaction, la rare combinaison de prudence, de zèle et de persévérance qui distingue votre caractère et qui promet un avenir d'autant meilleur qu'elle contraste fortement avec votre jeunesse. L'avénement social du positivisme a plus besoin maintenant de dignes praticiens que d'éminents théoriciens, et vous me paraissez offrir les principales conditions qu'il faut trouver dans l'état major politique du gouvernement préparatoire qu'instituera la dictature positiviste. Nous devons déjà nous préoccuper sérieusement d'un tel soin, parce que cette unique issue de la situation révolutionnaire devient de plus en plus prochaine, à mesure que se développent, d'une part, la putréfaction des doctrines et partis encore en crédit, d'une autre part, les craintes simultanées de l'anarchie et de la rétrogradation. Les républicains étaient, en réalité, moins nombreux en 1789 que les positivistes ne le sont aujourd'hui, pourtant ils devinrent, quatre ans après, les chefs de la France, tant la position générale leur était favorable. Si notre pays n'est pas avant dix ans gouverné, même temporellement, par les positivistes, ce sera certainement la faute de ceux-ci, car la situation les appelle aussi fortement que possible. Malheureusement leur zèle, encore plus que leur talent, reste jusqu'ici fort inférieur à ce que leur nombre actuel permettrait d'espérer de leur digne participation aux sollicitudes publiques. La prochaine crise, destinée à concilier la dictature républicaine avec une inaltérable liberté, est trop voisine pour qu'ils puissent la diriger; en sorte qu'ils y doivent rester spectateurs, quoique sans indifférence, puisque les rôles secondaires ne conviennent pas à ceux qui seuls promettent une digne initiative. Mais ils pourraient utilement modifier l'empirisme qui conduira cette nouvelle secousse. Or, malgré mes avis et mes instances, je trouve en eux trop d'incurie pour cette salutaire préparation, consistant surtout : 1° à supprimer le terme anarchique de la devise républicaine, dès lors réduite à la formule *Liberté et Fraternité,* qui convient, comme provisoire, jusqu'à l'avénement de la seule devise finale *Ordre et Progrès*; 2° à consacrer, au nom de la cause sociale, le principe de la dictature et l'abolition du régime parlementaire, malgré leur origine rétrograde immédiate ; à proclamer l'exclusion de toutes fonctions politiques, envers ceux qui participent, d'une manière quelconque, au gouvernement de la France depuis février 1848. Tout cela peut être commodément condensé dans la distinction définitive entre les républicains et les révolutionnaires, c'est-à-dire entre ceux qui veulent construire et par conséquent conservent et ceux qui prétendent détruire indéfiniment. Sans devenir positiviste, on peut très bien adopter déjà tous ces points essentiels de la politique actuelle, rendus opportuns par une situation qui discrédite les dogmes et les hommes révolutionnaires. Je voudrais donc que, tout en s'efforçant de prêcher le positivisme à ceux qui peuvent l'accueillir aujourd'hui, on s'efforçât d'améliorer ainsi l'empirisme de ceux qui longtemps encore resteront des républicains de sentiment incapables d'avoir maintenant de véritables principes. Tel est le sens dans lequel je désire qu'on agisse dignement sur tous les citoyens honnêtes et sensés, en renonçant d'ailleurs à modifier les lettrés à 25 francs par jour, qu'il faut écarter comme incurables. Mais je trouve autour de moi trop peu de zèle et de persévérance à cet égard ; en sorte qu'on doit craindre que la prochaine crise ne présente encore, à la honte des Français, un caractère fort arriéré, alarmant pour l'ordre sans assurer le progrès.

Salut et fraternité.

Auguste Comte.

(10, rue Monsieur-le-Prince).

P.-S. — J'ai transmis à M. Deroisin vos sages conseils sur la marche propre à préparer la conversion du grand industriel champenois. Peut-être parviendra-t-il à disposer le personnage que vous signalez comme capable d'influer sur son conseiller. De votre côté, je sais bien que vous utiliserez toute opportunité.

XIII

A Monsieur EUG. DEULLIN, à Épernay.

Paris, le jeudi soir 20 Aristote 65.

Monsieur,

Voici les quatre reçus qui correspondent au mandat renfermé dans votre excellente lettre de lundi ; j'en ai touché la valeur hier. Le nouvel adhérent que vous caractérisez me semble précieux, quoique incomplet, vu son alliance avec un éditeur dont il n'épousa point la haine envers moi.

Sa participation au subside fait d'ailleurs espérer que son développement comporte quelque succès, même religieux, dans un âge où l'on sent mieux l'importance du cœur et l'inanité de l'esprit non dominé.

Mais la meilleure impression de votre lettre résulte de l'ensemble d'indications qu'elle fournit spontanément sur vous-même, dont le zèle, la prudence et la persévérance forment un rare concours, d'où j'augure de plus en plus votre bel avenir comme digne praticien positiviste, dépourvu de toute vaine prétention théorique, quoique capable de comprendre et d'utiliser tous les conseils systématiques. Vous commencez à m'offrir ainsi, comme jeune banquier, le noble pendant du type éminent que le positivisme possède déjà, depuis trois ans, dans la personne d'un honorable propriétaire-cultivateur, un peu plus âgé que vous, sans toutefois être marié. Ce rapprochement involontaire pourra prendre un jour une véritable importance, si je puis mettre en rapport deux hommes très propres à s'apprécier et s'utiliser mutuellement, malgré l'intervalle entre la Champagne et le Bourbonnais. De tels disciples m'inspirent encore davantage que les théoriciens, une pleine confiance dans le prochain avenir, même politique, du positivisme. Vous pouvez tous compter sur ma reconnaissance envers vos conseils quelconques et ma disposition à cultiver des relations personnelles que je regarde comme une intéressante portion de mon office public quand elles sont ainsi placées, quoique le même motif me les fasse inexorablement rompre à l'égard de ceux qui ne les méritent pas.

L'heureuse demande que vous m'adressez d'après votre visite projetée me conduit à vous expliquer nettement mon degré de disponibilité périodique, au milieu du plus intense travail, comme celui de mon troisième volume, maintenant en pleine verve, de manière à devoir être achevé dans trois mois, et publié vers juillet, sauf accident. Levé chaque matin dès cinq heures, je vais chaque soir me coucher à neuf heures. Ne travaillant jamais après le dîner, je suis toujours disponible entre sept heures et huit heures, sauf le mercredi, jour de la Société positiviste. Mais je ne reçois personne après huit heures, quoique je garde jusqu'à neuf heures ceux qui sont venus avant la clôture de ma porte. En outre, le jeudi de chaque semaine reste toujours consacré totalement, soit à ma correspondance, soit aux visites des personnes qui ne peuvent venir le soir. Je ne sors d'ailleurs que le mercredi pour le saint pèlerinage de mes meilleurs souvenirs. Ma semaine de travail se compose donc de cinq jours consécutifs, du vendredi matin au mardi soir, chaque séance n'étant guère que de cinq ou six heures d'élaboration effective, mais sans que je puisse voir personne auparavant. Tel est le régime normal que je me suis enfin tracé, depuis que ma spoliation finale de 1851 me procure la faculté de tout subordonner à ma mission, sans aucune des corvées extérieures qui l'entravèrent toujours. Je puis ainsi continuer encore une dizaine d'années à composer dignement un volume par an, sans précipitation ni fatigue, même avec un trimestre de cours oral, de manière à terminer tout ce que j'ai promis avant de prendre une sage retraite, au moins comme écrivain, sauf à persister davantage dans mon office d'orateur.

Votre conseil financier pour la *Revue Occidentale* pourra devenir opportun si cette souscription se ranime. Mais je pense de plus en plus que cette urgente fondation ne se réalisera jamais par les petites bourses. Je n'ai d'espoir que dans le dévouement imprévu de quelque riche patron, pratiquant, sur une plus vaste échelle, le zèle généreux dont M. Lonchampt donna le noble exemple envers la publication décisive du tome 1er de ma *Politique positive*, et que vous-même avez étendu dignement à la réimpression actuelle, pour laquelle je vous remercie incidemment de vouloir bien corriger les épreuves afin de hâter l'opération.

Cette espérance d'un puissant appui matériel devient moins éventuelle depuis le progrès récent du positivisme, non plus seulement philosophique, mais surtout politique, et même religieux, parmi les principaux conservateurs britanniques. Ils comprennent l'épuisement actuel de leur empirisme stationnaire, assez à temps pour prévenir dignement l'immense orage qu'ils prévoient si le positivisme ne vient pas les préserver du communisme, dont ils ne peuvent plus empêcher la propagation spontanée. Le 24 février dernier, je pus célébrer heureusement l'anniversaire républicain par une entrevue décisive avec un homme d'État anglais vraiment éminent, qui m'étudia dans l'Inde, et dont l'adhésion capitale m'en annonce d'autres analogues. C'est à peu près le milieu dans lequel, en 1846, je tentai, pour la première fois, de fonder la *Revue Occidentale,* quoique sans succès. Les sept années écoulées depuis ont radicalement changé la situation du positivisme, et d'ailleurs c'est désormais avec les conservateurs d'élite que je me trouve surtout en intime contact. Or, leur appui deviendra plus complet et plus étendu que celui des quasi-révolutionnaires qui ne purent alors m'offrir que des adhésions philosophiques, parce que, au fond, ils redoutent, même personnellement, la discipline spirituelle, dont l'austérité ne sera fortement surmontée que d'après les impérieuses sollicitudes que l'ordre inspirera de plus en plus à tous les dignes conservateurs.

Outre cet appui décisif, j'obtiendrai peut-être la haute sympathie du noble tzar auquel j'ai récemment écrit une lettre décisive (qui sera publiée dans ma prochaine préface) en lui transmettant les deux premiers volumes de la *Politique positive* et mon *Catéchisme.....* Mais une visite inopportune me force d'ajourner cette indication et quelques autres sur nos récents progrès. Je me borne à vous annoncer l'insertion totale du *Calendrier positiviste,* traduit en espagnol, dans un intéressant *annuaire,* construit ici pour circuler au Mexique et au Pérou.

Toutefois, je ne terminerai pas sans vous remercier spécialement de votre excellent conseil sur les circulaires trimestrielles. Je l'adopte essentiellement, et je compte en commencer la pratique aussitôt que j'aurai fini mon volume actuel.

Faites circuler, avec votre zèle énergique et prudent, la petite pièce ci-jointe. On ne peut pas l'imprimer, mais je l'ai fait paisiblement circuler manuscrite depuis sa date, en adressant la première copie à M. Vieillard. Vous pouvez la copier, et même transmettre cette autorisation à d'autres, pourvu que toute copie soit *textuelle* et *complète*, sauf que ma signature s'y trouve précédée du mot *signé*, qui tiendra lieu de paraphe. Il faut que tout cela repose sur ma seule responsabilité personnelle, dont je n'ai sérieusement à redouter aucune conséquence fâcheuse.

Salut et fraternité.

Auguste Comte.

(*10, rue Monsieur-le-Prince*).

Je vous enverrai dimanche, par la poste, quelques exemplaires des circulaires que vous désirez.

XIV

A Monsieur EUG. DEULLIN, à Épernay (Marne).

Paris, le jeudi 6 Charlemagne 65.

Monsieur,

Je réponds d'abord à votre lettre spéciale d'avant-hier, nouveau témoignage de votre zèle prudent, en vous assurant que le tableau synoptique de ma *Philosophie positive* ne sera nullement modifié par la suppression projetée envers la réimpression du tome IIe, en sorte que vous pouvez en autoriser le tirage immédiat.

L'adhésion si bien caractérisée dans votre lettre de dimanche me semble, comme à vous, vraiment précieuse, et je vous prie de témoigner à M. Auguste Paris avec quelle satisfaction je l'accueille. Votre annonce nette et précise me fournit d'ailleurs une nouvelle occasion d'admirer votre zèle persévérant, grâce auquel vous avez maintenant cessé d'être un positiviste isolé. Sous votre présidence spontanée, il s'est formé réellement, en Champagne, un foyer important, déjà comparable à ceux de Lyon et de la Provence. Il procurera certainement une extension rapide à la propagande positiviste, sans laisser craindre aucun faux pas, d'après la prudence qui le dirige. Comme il doit, suivant votre juste appréciation, employer beaucoup la parole, je vous invite à prendre, sous ce rapport, plus de confiance en vos moyens spontanés, qui se développeront graduellement par un sage exercice, d'ailleurs propre à fortifier autant les convictions de l'initiateur qu'à susciter celles de l'initié.

Depuis le commencement de février, je suis toujours absorbé par mon troisième volume de la *Politique positive,* que j'achèverai vers la fin de juillet, sans avoir suspendu son élaboration une seule semaine, grâce à ma suffisante santé, consolidée par une pleine disponibilité. L'impression, commencée avec le mois de mai, comprend déjà vingt-quatre feuilles, dont vingt-une tirées. J'ai donc lieu de compter que cette philosophie de l'histoire sera publiée vers le milieu d'août.

La préface tiendra naturellement lieu de la première des circulaires trimestrielles dont je vous remercie de m'avoir fourni l'idée. Quant aux modifications secondaires que me transmet votre lettre, je les crois moins opportunes, mais j'y refléchirai davantage au moment de l'exécution. Il est impossible que chaque circulaire dispense des précédentes, et j'y dois éviter des répétitions fatigantes, outre qu'une continuité trop explicite pourrait éveiller une ombrageuse sollicitude.

Votre retard actuel de la publication que vous éditez se trouve trop motivé pour que je doive le regretter. Mais je ne suis pas étonné que vous puissiez placer en Amérique une notable partie de cette édition, puisque je sais que ce premier volume est assez recherché là pour qu'on l'ait déjà publié seul en anglais, à New-York. D'ailleurs, les barbares ont supprimé mes deux chapitres préliminaires, et même, m'a-t-on dit, la plupart des remarques philosophiques jointes à l'exposition mathématique, sans respect pour l'indivisibilité.

Ayant lieu de croire le tome IIe de ma *Philosophie positive* presque autant épuisé maintenant que le premier, je regarde sa prochaine réimpression comme devenue vraiment opportune. Puisque vous consentez à la confier entièrement à M. Thunot, je serai charmé de vous donner une nouvelle preuve de mon estime en vous autorisant à prolonger ainsi votre office d'éditeur désintéressé, quand vous croirez le moment arrivé de commencer cette seconde opération, où je ne dois d'ailleurs pas plus participer qu'à celle qui s'achève actuellement. Il sera temps alors de spécifier ce qui concerne le chapitre à supprimer, et, le travail se faisant à Paris, je trouverai facilement un disciple intelligent et zélé qui se chargera de la correction des épreuves, dont je ne veux nullement me mêler, non seulement faute de temps, mais surtout afin de n'être point ainsi tenté de faire aucune modification inopportune.

Parmi les communications qu'un contretemps me força d'ajourner dans ma dernière lettre, figurait d'abord l'extension croissante du positivisme aux États-Unis. Outre les foyers spontanés de New-York et Philadelphie, il s'en est formé maintenant un au fond de l'État du Maine, le plus septentrional de tous. Néanmoins, ces vagues sympathies se trouvent altérées jusqu'ici par la réserve théologique, et ne peuvent être comparées aux adhésions françaises, ou même anglaises, sauf les cas exceptionnels.

Le plus éminent de ceux-ci me donne lieu de vous annoncer une perte grave, qui sera sommairement déplorée dans ma prochaine préface. Depuis six mois, s'est éteint, à l'âge de trente-cinq ans, le noble citoyen de Philadelphie, mentionné par la préface du tome IIe, et qui serait devenu le chef des positivistes américains. Il a voulu prolonger son adhésion en me léguant, dans son testament formel, dignement respecté d'un honorable frère, sa souscription annuelle de 500 francs pour toute ma vie.

Un foyer très important s'est formé maintenant en Provence, où les vrais positivistes, c'est-à-dire religieux, sont déjà groupés, au nombre d'une quinzaine, autour de M. Audiffrent, l'un de mes meilleurs disciples, propriétaire à Pertuis (Vaucluse), quoique le noyau réside surtout à Aix. Ce foyer me semble maintenant plus précieux que celui de Lyon, dont on m'avait trop parlé, mais qui conserve pourtant une valeur réelle. Quand une opportunité surgira pour mettre votre noyau de Champagne en contact habituel avec celui de Provence, tous deux y gagneront.

Ce foyer méridional augmente de prix par le voyage fraternel qu'y fait, en ce moment, sur mon invitation, un nouveau positiviste, le seul que produise jusqu'ici mon département natal (l'Hérault). Une lettre pleine d'enthousiasme, confirmée par une participation annuelle de *deux cents francs* au subside sacerdotal, ne me laisse aucun doute sur la réalité de cette précieuse conversion, chez un propriétaire de trente-six ans, qui m'était entièrement inconnu, mais dont les antécédents sont tous favorables. Quoiqu'il lui reste encore à se familiariser avec la doctrine pour la propager dignement, surtout d'après une étude approfondie du *Catéchisme posi-tiviste,* je ne doute pas que son zèle actif ne produise bientôt un nouveau foyer dans un milieu qui rougira, sans doute, d'avoir tant dédaigné jusqu'ici mon nom, destiné finalement à l'honorer, même peut-être avant ma mort.

Relativement à l'explication spéciale que vous attendez sur le troisième de mes *Conseils* aux républicains français, je dois vous déclarer d'abord qu'il est uniquement fondé sur ce qu'une telle circulaire s'adresse à de plus empiriques, incapables aujourd'hui d'appliquer avec discernement un sage principe. Le précepte serait vicieux envers des positivistes, puisqu'il entraînera certainement des exclusions regrettables, quoique peu nombreuses. Mais, sans cette règle générale, un entraînement routinier laisserait de nouveau fleurir les personnages dont l'ineptie et l'indignité nous ont tant fait de mal depuis cinq ans. Elle est directement fondée sur l'évidente utilité qu'aurait présentée, en 1848, une telle prescription, qui nous eût ainsi dispensé d'y revenir aujourd'hui. Dans l'état présent de l'incapacité publique, je ne vois pas d'autre moyen d'éviter, après la prochaine crise, les roués de toutes couleurs, blancs, bleus et surtout rouges. Quel que soit l'inconvénient de remettre, non l'administation mais le gouvernement, à des mains entièrement novices, le retour des intrigants actuels offre de tels dangers qu'il vaudrait mieux prendre au hasard nos chefs politiques que de revenir à ceux-là.

Au sujet de votre sage et précieuse propagande, je crois devoir vous recommander un principe général, dont vos antécédents démocratiques auraient pu vous détourner spontanément. Il consiste à ne point renoncer aux conversions de rétrogrades, fussent-ils même légitimistes, pour peu qu'ils vous deviennent accessibles d'après l'affinité fondamentale entre les tendances positivistes et les vrais besoins de l'ordre. Nous devons même aspirer à puiser dans un tel milieu nos plus nombreuses adhésions, à mesure que l'aptitude du positivisme à contenir seul l'anarchie communiste se manifestera, quand le prochain rétablissement de la liberté d'exposition et de discussion laissera surgir les utopies subversives. Je persiste à prédire que si les positivistes ne deviennent pas les maîtres, même temporels, de la France avant dix ans, ce sera surtout leur faute. Mais il faut entendre cette prévision en concevant le gouvernement comme leur étant confié par les conservateurs, sans aucune source révolutionnaire, de plus en plus hostile à notre doctrine.

Salut et fraternité.

Auguste Comte.

(*10, rue Monsieur-le-Prince*).

P.-S. — Comme c'est moi qui vous mis en relation personnelle avec M. Deroisin, je dois maintenant vous inviter à vous défier de lui. Depuis plus de trois mois, il cesse de me voir, d'après le sentiment des torts graves qui me feraient refuser sa visite, puisqu'ils m'ont conduit à lui retirer toute la confiance dont je l'avais honoré, sans qu'il puisse jamais la recouvrer. Quoique fort intelligent, ce jeune homme s'est montré récemment dépourvu de toute dignité morale, en devenant un effronté menteur, capable de brouiller provisoirement les meilleurs accords.

XV

A Monsieur EUG. DEULLIN, à Épernay.

Paris, le mardi 4 Shakespeare 65.

Monsieur,

Je n'ai point été surpris tout à l'heure en recevant votre lettre d'hier. Car, quoique privé de votre seconde visite, je comptais bien que vos opérations ne vous permettaient pas d'être encore absent d'Épernay, depuis notre entrevue du 25 août.

L'impression que vous me décrivez de ce contact personnel me touche extrêmement. Votre sincère modestie me permet de vous témoigner sans scrupule qu'il ne m'a pas été moins précieux qu'à vous. Il a pleinement confirmé, loin de l'amoindrir comme vous le craigniez, la profonde estime que vos lettres m'avaient inspirée. Quand vous pourrez le renouveler, j'espère que vous aurez la faculté de le compléter par de cordiales entrevues avec les éminents positivistes de votre âge dont j'ai le bonheur d'être entouré, mais qui se trouvaient absents au moment de votre voyage. Ces intimes entretiens sont très efficaces pour consolider et développer les bonnes dispositions de chacun.

Afin que vous n'attribuïez point la ratification de mon estime à l'excès de bienveillance, je dois vous indiquer le principe qui dirige habituellement mes jugements sur les personnes, du moins envers toutes celles dont je fais quelque cas. Je les apprécie surtout d'après ce qu'elles peuvent produire, sans tenir grand compte de ce qu'elles ont réalisé. Si, plus tard, elles avortent, je tâche d'en découvrir le vrai motif, et je leur conserve mon estime quand l'obstacle vient du dehors, au lieu d'une dégénération intérieure.

D'après cet usage, d'abord spontané, puis systématique, qui convient surtout envers les jeunes gens, mais que j'appliquai même à des hommes plus âgés que moi (Blainville entre autres), je me plais à vous déclarer ici que notre entrevue a confirmé mon espoir antérieur de vous voir devenir un éminent praticien, qui doit honorer le positivisme autant que le seconder. Nous avons grand besoin d'un certain nombre de tels types, dont je ne vois encore que deux ou trois, pour composer l'état-major du gouvernement positiviste qui peut dominer la France dans dix ans, si nous sommes tous au niveau de notre mission. C'est à moi d'inspirer, par mes écrits et mes discours, assez de confiance aux conservateurs pendant ce temps pour qu'ils remettent le pouvoir aux praticiens que je leur recommanderai personnellement et publiquement. La cause de l'ordre n'a pas, au fond, d'autres défenseurs systématiques que nous contre les attaques que vont subir la famille et la propriété quand la liberté d'exposition et de discussion permettra le débordement des utopies subversives. Aussitôt que l'expérience aura suffisamment constaté notre privilège à cet égard, la dictature tombera dans les mains de nos hommes d'État, si nous pouvons alors en offrir assez de dignes, qu'il importe donc de préparer déjà le plus possible.

Je viens d'examiner votre *catalogue,* que je vous renvoie ci-joint, avec les diverses modifications qui m'ont paru convenables. Vous verrez à la fin que j'étais sur le point d'y joindre l'ouvrage de Miss Martineau, qui doit maintenant être en circulation à Londres, quand j'ai remarqué que je n'en savais pas le titre exact, outre que j'ignore même s'il a vraiment paru déjà, quoique j'aie tout lieu de le présumer d'après mes relations anglaises. C'est un livre en deux volumes, qui condense ma *Philosophie positive.* Il faudra donc le réserver pour la couverture du tome IIe, qui, je présume, paraîtra dans sept ou huit mois. Toutefois, si votre libraire de Paris a des relations courantes avec Londres, il pourrait vous informer à temps de cette publication, dont l'auteur jouit d'une grande réputation en Angleterre. Alors, si cet ouvrage a réellement paru, vous pourriez ainsi le savoir assez tôt pour l'inscrire à la fin de votre catalogue, sous son titre officiel. Car, j'ai, du reste, assez bonne opinion de l'auteur pour croire, sans connaître son livre, qu'il mérite une telle insertion, au moins autant que ceux de Mill et Lewes.

Tout à vous,

AUGUSTE COMTE.

(*10, rue Monsieur-le-Prince*).

XVI

A Monsieur E. DEULLIN, à Épernay.

Paris, le samedi 8 Shakespeare 65.

Monsieur,

Quand ma dernière lettre a fait une allusion spéciale à la prochaine réimpression du tome IIe de ma *Philosophie positive,* je pensais uniquement au projet que vous aviez formé et que j'avais autorisé, sous la seule condition, pleinement acceptée par vous, que l'impression se ferait chez M. Thunot. Je regrette qu'une rédaction trop implicite vous ai fait supposer, comme l'indique votre lettre de mercredi, que je comptais accomplir cette opération par un autre éditeur. Mais, puisque j'avais accepté déjà votre intervention, je n'aurais pu songer à d'autres sans vous en avertir expressément. C'est donc uniquement à vous que j'ai toujours pensé confier cette réimpression, pour laquelle je n'aurais accueilli de nouvelles offres que si vous eussiez refusé, par un motif quelconque, ma condition *sine qua non* de choisir l'imprimerie Thunot. Vous pouvez donc vous regarder comme suffisamment autorisé, dès à présent, à commencer sur ce pied cette seconde opération, sauf le contrôle ultérieur que je me réserve d'exercer, dans l'intérêt public, envers la détermination du prix de chaque exemplaire.

Mais, en vous accordant avec satisfaction cette nouvelle autorisation, pour l'exercice de votre zèle généreux, je ne cesse point de répugner à me mêler en rien d'une telle exécution. C'est pourquoi je vous déclare franchement que je ne puis aucunement devenir, à cet égard, votre intermédiaire auprès de M. Thunot, comme vous me le demandez. Vous devez lui transmettre directement vos propositions quelconques, sans que j'y prenne la moindre part. Je pensais même que vous l'aviez déjà vu pour cela pendant votre récent voyage à Paris. Outre que je suis, en général, peu propre aux négociations industrielles, je dois spécialement m'abstenir de participer à celle-là.

D'après un motif analogue, je ne puis pas même vous rendre le petit service d'envoyer aux libraires que vous m'indiquez les deux articles définitifs du catalogue pour lesquels vous me consultez de nouveau.

Quant aux modifications en elles-mêmes que j'y marquai dernièrement, elles n'avaient d'autre objet que d'éviter un double emploi et d'écarter une indication superflue. Mais, tout cela restant sans importance, j'approuve d'avance le parti quelconque que vous croirez devoir prendre à leur égard. Je profite de cette occasion pour compléter aussi l'annonce relative aux *Prières* de M. Lonchampt, dont je vous enverrai demain *trois* exemplaires, comme aux membres de la Société positiviste :

Essai sur la Prière. Deuxième édition ; in-8°. Paris, août 1853, chez Carilian, & . . . . » 50 c.

J'ai supprimé toutes les publications de M. Ch. Robin, parce que, depuis sa dégénération académique et son indigne conduite envers le fondateur du positivisme, il ne mérite point de figurer dans nos annonces, comme je l'ai rayé de la *Bibliothèque du prolétaire,* lors de la deuxième édition. Ces annonces antérieures contenaient d'ailleurs des livres qui ne sont pas encore faits, qui peut-être ne le seront jamais, et qui certainement le seraient mal. La vénération affectée de ce jeune médecin m'avait d'abord séduit, quoique elle me semblât exagérée ; mais il s'est définitivement montré comme un roué qui ne vise qu'à faire, à tout prix son chemin personnel.

M. Lewes est loin de mériter une opinion aussi défavorable. Cependant je suis maintenant convaincu que, dépourvu de toute foi réelle, il ne s'intéresse au positivisme que comme domaine d'exploitation. Mais, comme il est plus jeune, plus actif et plus hardi que M. Mill, il peut encore, quoique n'ayant acquis aucune consistance propre, nous seconder utilement, pourvu que nous ne comptions pas sur lui, comme le prouve sa non-participation à mon subside, malgré son aisance personnelle.

Tout à vous,
Auguste Comte.
(10, *rue Monsieur-le-Prince.*)

P.-S. — Le tome *troisième* de mon *Système de politique positive* a paru mercredi 14 septembre.

XVII

A Monsieur E. DEULLIN, à Épernay.

Paris, le mardi 11 Shakespeare 65.

Monsieur,

En acceptant votre digne intervention pour la réimpression immédiate du tome *deuxième* de ma *Philosophie positive,* je dois vous avertir que je n'ai pas l'intention d'étendre une opération semblable aux volumes suivants, même au troisième. Le motif exceptionnel qui la détermina pour le premier volume convient moins au second, et nullement au troisième jusqu'ici. Outre que celui-ci n'est point encore épuisé, je désire que, si cet épuisement survient, il se fasse longtemps sentir au public avant d'autoriser sa réimpression. Le principal objet de ce volume se trouve traité plus profondément dans le tome 1ᵉʳ de ma *Politique positive,* qui n'est point assez répandu, et que la disette de l'autre propagerait. Il en est, à plus forte raison, ainsi des trois derniers volumes de la *Philosophie positive.* La réimpression actuelle doit donc être envisagée comme une mesure particulière aux deux premiers volumes de ce traité fondamental. Il se pourrait qu'aucun des autres ne fût réimprimé avant la *nouvelle* édition que je dirigerai moi-même de tout cet ouvrage quand je prendrai ma sage retraite, non comme orateur, mais comme écrivain, dans huit ou dix ans. Cependant, je n'ai point de parti pris à cet égard, et je pourrais autoriser la réimpression du tome IIIᵉ si j'en constatais la nécessité, qui n'existe pas quant à présent.

Lorsque vous serez tombé d'accord avec M. Thunot pour le tome IIᵉ, je vous indiquerai celui de nos frères qui se chargera, comme vous le désirez justement, non seulement de corriger les épreuves, mais de diriger toute l'exécution de ce travail. Ce sera probablement M. Laffitte, le plus ancien, le plus intelligent, et le mieux instruit de mes disciples. Je n'en désignerais un autre qu'autant que celui-ci ne pourrait point accepter cette corvée, ce que je ne présume pas.

Dès à présent, je puis vous indiquer la suppression que je désire dans ce volume envers le *vingt-septième* chapitre. Pour ne pas troubler la numération de tous les suivants, on laissera subsister le titre et l'argument de celui-ci, mais en remplaçant son contenu par cette simple déclaration :

« L'auteur a finalement supprimé ce chapitre
« comme relatif à des questions vicieuses, que la
« vraie science doit irrévocablement éliminer. Il
« renvoie à son *Traité philosophique d'Astronomie popu-*
« *laire* (publié en 1844), pour le développement
« des motifs de cette résolution ».

Suivant votre recommandation, je viens de préparer l'exemplaire du *Catéchisme positiviste* et celui
du tome IIIᵉ de la *Politique positive* que je réserve
pour Caussidière à New-York. Si donc, je ne suis
pas chez moi quand M. Léon Devenoge les viendra
prendre de votre part, Sophie sera chargée de les
lui remettre.

L'ensemble de votre appréciation sur le surcroît
de fermentation religieuse qui se développe maintenant aux États-Unis me semble très judicieux.
Vous comparez sagement ces divers efforts à ceux
du néo-platonisme s'efforçant de restaurer, contre
le catholicisme naissant, un polythéisme épuisé,
qu'ils ne comprenaient plus. Mais votre conclusion
me semble contraire à ce principe général, qui
représente ces différents sectaires comme les ennemis spontanés du positivisme, tandis que vous
paraissez croire qu'ils pourront lui fournir des
appuis.

Parmi ceux qui maintenant croient sincèrement
en Dieu, les catholiques sont les seuls (surtout
chez les femmes) où nous puissions collectivement
recruter. Sauf des exceptions individuelles, qui vont
devenir de plus en plus rares, nous ne devons

attendre que de l'antipathie des protestants et des déistes. Ils sont, au fond, tout autant arriérés d'esprit que les catholiques, et leur cœur est ordinairement vicié. Nous verrons de plus en plus se multiplier les cas, déjà réalisés, d'ascension directe du catholicisme au positivisme, sans traverser aucun négativisme. Mais il ne faut pas espérer, en général,. des conversions réelles chez les déistes ou protestants, aux États-Unis comme ailleurs. Je me défie beaucoup des merveilleux résultats que vous fait espérer l'éducation *mormonne,* que son seul attribut *d'obligatoire* suffirait pour neutraliser ou vicier. Nous ne recruterons pas davantage dans ces sectes insensées que parmi les saint-simoniens, fouriéristes, etc., qui infestent ce côté-ci de l'Atlantique.

En Amérique, comme ailleurs, et même plus qu'ailleurs, ces tentatives anarchiques aboutissent toujours à réunir beaucoup de niais sous quelques roués, jusqu'à ce que l'expérience vienne spontanément dissiper l'illusion correspondante, sauf à permettre d'autres essais non moins vicieux, tant que l'empirisme préside seul à son appréciation. Quant à la discipline acceptée volontairement dans ces derniers cas, elle me semble plutôt résulter de la satisfaction momentanée ainsi procurée aux mauvais penchants que d'une vénération réelle de chaque troupeau pour son conducteur. Tels sont certainement les communistes, les mieux connus ici, comme aussi les plus estimables, de tous ces sectaires. Ils ne se soumettent à des jongleurs qu'afin d'établir leur utopie, qui consacre, au fond, le pur individualisme, l'envie, et même la cupidité, représentées par l'égalité, rêve commun de tous les anarchistes, anciens et modernes. Loin de trouver jamais aucun appui chez aucun de ces hommes déviés, le positivisme doit les comprendre tous dans cette immense masse à laquelle il vient interdire, pour incompétence, l'élaboration des doctrines sociales, désormais concentrée chez les âmes d'élite maintenant opprimées sous le niveau.

Mais, envisagés comme adversaires, ces divers sectaires nous serviront, non comme secours, mais à titre de but et par excitation comme vous l'avez sainement saisi dans notre entrevue. Sous cet aspect, leur existence, de plus en plus développée, constitue, chez la masse inerte des hommes sages, incapables de résister directement à l'invasion anarchique, un épouvantail continu, qui fera bientôt apprécier la salutaire efficacité du positivisme, seul capable de soutenir avec succès le redoutable tête-à-tête que nous prépare l'esprit subversif. C'est ce que sentait profondément l'éminent citoyen de Philadelphie dont ma récente préface déplore la perte prématurée. Quand il vint, en avril 1851, invoquer auprès de moi le positivisme, c'était à titre de conservateur, pour préserver la raison américaine du délire anarchique qui s'en empare de plus en plus. Nous ne sommes encore qu'au début des expansions subversives, quoique le remède en soit heureusement trouvé. L'essor spécial que leur fournit la situation mentale et sociale des États-Unis n'est que l'annonce de l'extension presque

indéfinie qu'elles tendent à recevoir dans tout l'Occident.

Il ne faut pas croire que la science reste elle-même
à l'abri de ces tendances dissolvantes : car rien ne
peut, à la longue, tenir isolément ; tout ne se
consolide que par l'ensemble. Déjà j'ai reçu de New-
York un livre où les notions les plus. indispensables de la géométrie sont ouvertement niées par
un rêveur ignorant et superficiel qui se fait assez
d'illusion pour croire trouver un appui dans un
passage spécial du volume que vous venez de réimprimer. On poussera la folie occidentale jusqu'à
contester l'arithmétique sans excepter peut-être le
théorème de don Juan. C'est ainsi que les nouveaux philosophes, ou plutôt les prêtres de l'Humanité, doivent concevoir l'immensité de leur intervention conservatrice et réparatrice. Mais le positivisme est assez consistant pour ne pas redouter
de telles luttes, d'où sortira même son principal
avènement public.

De cette manière, je crois, comme vous, que le
moment serait venu de prêcher aux États-Unis la
religion positive, si nous avions déjà de dignes
missionnaires. Ils ne devraient point s'effrayer des
répugnances qu'exciterait d'abord leur plénitude
nécessaire d'émancipation théologique et métaphysique, car la profonde assistance qu'ils apporteraient
directement à l'ordre radicalement compromis ferait
aisément tolérer, et même accueillir chez les âmes
d'élite, qui seules peuvent s'y rallier à nous, leur
substitution ouverte de l'Humanité à Dieu, sur

laquelle ils ne doivent jamais faire la moindre concession. Au centre même du système d'hypocrisie, Miss Martineau osa publier, il y a deux ou trois ans, un livre, purement négatif néanmoins, dans lequel la croyance en Dieu se trouvait expressément rejetée. Malgré les clameurs de l'orthodoxie anglicane, sa conduite irréprochable lui permit de supporter, sans aucun danger, ces récriminations, qui sont maintenant épuisées. Cet exemple suffit pour indiquer, à plus forte raison, la liberté continue que sauraient obtenir en Amérique les missionnaires positivistes, auxquels se rallieraient bientôt des esprits maintenant comprimés. Il suffirait que la pureté de leur conduite, privée ou publique, et l'énergie de leur caractère fussent toujours au niveau de leur noble destination. Je vous félicite d'avoir spontanément dirigé vos méditations spéciales vers l'appréciation sociologique de la banque. Vous ferez sagement, comme vous me l'annoncez, de ne rien écrire là-dessus avant la publication de mon quatrième volume, qui viendra fixer irrévocablement vos idées sur l'office normal de cette suprême industrie, seule apte à systématiser toutes les autres, et dont les destinées politiques sont à peine appréciables maintenant. Comptez, du reste, sur ma constante disposition à seconder, par mes avis et conseils, quand ils seront spécialement devenus opportuns, une élaboration aussi bien choisie, et dans laquelle un banquier positiviste pourrait à la fois honorer sa profession et sa doctrine, en rectifiant irrévocablement les illusions subversives émanées, à cet égard, de la métaphysique révolutionnaire, surtout économique.

Tout à vous,

AUGUSTE COMTE.

(*10, rue Monsieur-le-Prince*).

XVIII

A Monsieur E. DEULLIN, banquier, à Épernay.

Paris, le dimanche 16 Shakespeare 65.

Monsieur,

D'après la connaissance anticipée que vous m'aviez donnée de vos propositions à M. Thunot, je craignais qu'il ne les trouvât insuffisantes ; en sorte que son rejet final ne m'étonne guère. Ainsi forcés de renoncer à la réimpression immédiate du tome IIe de la *Philosophie positive,* nous devons peu la regretter, puisqu'elle était, au fond, entreprise plutôt sous l'impulsion empirique résultée du premier volume que par l'appréciation réfléchie d'un besoin actuel, qui réellement n'existe point. Ce second volume comporte beaucoup moins que l'autre une vente séparée, et son épuisement supposera, sans doute, l'écoulement d'une équivalente quantité des tomes suivants, en sorte qu'il ne se fera pas sentir promptement, outre que l'on tiendra moins à ce complément quand il deviendra vraiment opportun.

Je suis très touché du généreux empressement

avec lequel vous répondez au digne appel motivé
sur l'insuffisance inattendue du subside de 1853.
Le premier trimestre nous avait procuré beaucoup
de sécurité, puisqu'il avait produit 3.000 francs.
Mais, quoique j'eusse pensé que ce taux ne se
soutiendrait pas, je ne pouvais prévoir l'énorme
baisse du second trimestre, et surtout celle du
troisième. La situation était déjà devenue inquié-
tante avant que j'eusse achevé mon volume, dont
l'élaboration m'empêchait de sentir une telle
difficulté. Depuis qu'il est terminé, mon attention
s'est transportée vers cette crise, qui d'ailleurs
s'est naturellement aggravée. La recette totale du
mois d'août s'est bornée à *soixante-trois* francs,
et la première moitié de septembre n'a produit
que *cinquante francs.* En un mot, je me trouvais, dimanche dernier, réduit à *huitante* francs en
caisse, avec la perspective de devoir, dans quelques
semaines, payer *mille* francs, si je ne voulais ajourner aucune de mes obligations trimestrielles. Cette
détresse m'a conduit à révéler, le même jour,
une telle situation au noble couple positiviste qui
vient de sonner si dignement l'alarme. J'espère que
la présente crise en préviendra d'autres, en faisant
convenablement organiser une fonction complémentaire qui s'est trouvée en souffrance quand j'ai pris
la direction générale de la souscription, parce qu'elle
ne peut être remplie par moi, consistant à stimuler
périodiquement le zèle ou l'activité des coopérateurs,
ce que les meilleurs peuvent aisément accomplir,
chacun dans son cercle.

Vos méditations sur la banque ont déjà fructifié dignement, puisque j'approuve entièrement les indications de votre lettre d'avant-hier envers l'organisation des finances publiques. Mon attention s'était dirigée là-dessus presque dès mon enfance, parce que mon père fut, pendant quarante ans, caissier de la recette générale du département de l'Hérault. J'avais ainsi senti l'inutilité des receveurs généraux, et même celle des payeurs, double office que les banquiers peuvent aisément remplir sans frais, comme vous le proposez. Votre idée sur l'aptitude inverse des percepteurs à recouvrer gratuitement les effets commerciaux complète heureusement ce système financier, où l'impôt, toujours direct, envers les choses et les personnes, se trouverait levé de la manière la plus économique et la moins oppressive, quand la réduction des dépenses publiques pourra permettre une telle transformation, que la dictature positiviste devra promptement réaliser, après avoir supprimé l'armée, le clergé, les pédants, etc., et réduit toute bureaucratie au travail vraiment utile, dès lors largement rétribué.

Le temps m'a manqué dernièrement pour appeler votre attention spéciale sur les aberrations polygames que vous m'avez signalées chez les nouveaux sectaires d'Amérique. Elles confirment la connexité décisive qui s'établit maintenant entre l'anarchie et la rétrogradation ; d'où résulte, par contraste, l'annonce d'une prochaine conciliation entre l'ordre et le progrès, sous la direction du positivisme. Car, on ferait à ces folies un honneur immérité si jamais on les comparaît aux mœurs primitives des populations polygames, même les plus grossières. Ce n'est point une rétrogradation véritable, mais une pure monstruosité, comme l'esclavage colonial. . Quand vous aurez saisi la théorie historique de la polygamie dans le volume que je viens de publier, vous reconnaîtrez que cette institution, essentiellement bornée aux riches, fut toujours destinée à dispenser les femmes du travail extérieur, pour ébaucher leur influence intérieure. Chez les misérables anarchistes dont vous parlez, l'état polygame (s'il pouvait durer, même dans un lieu borné, ce qui n'arrivera point) aboutirait, au contraire, à surcharger la femme de travail, de manière à dispenser l'homme de la nourrir, et d'ailleurs à détruire toute son intervention domestique. En un mot, la vraie polygamie ébaucha la famille, et celle-ci la détruirait. L'ignoble nature de la plupart de ces utopistes amènerait ainsi chacun d'eux à se faire nourrir par ses femmes, en renversant l'état normal. Mais, malgré l'insuffisante police des États-Unis, j'espère que le gouvernement, sollicité par l'indignation publique, surtout féminine, saura suffisamment réprimer de telles tentatives.

Tout à vous,

AUGUSTE COMTE.

(*10, rue Monsieur-le-Prince*).

P.-S. — Je ferai toucher demain votre mandat de *deux cent trente-cinq* francs, dont voici les reçus.

XIX

A Monsieur E. DEULLIN, à Épernay.

Paris, le vendredi 7 Descartes 65.

Monsieur,

La nouvelle adhésion que m'annonce votre lettre d'avant-hier m'offre un témoignage de plus du zèle infatigable que vous inspire la propagation du positivisme et la digne extension du précieux foyer dont la formation vous est due. Quoiqu'elle ne soit encore qu'à l'état de sympathie, vos renseignements me donnent lieu d'espérer bientôt une véritable conversion, spontanément annoncée par une participation cordiale au subside sacerdotal. Les moindres souscriptions me semblent aussi méritoires que les plus considérables, quand elles sont, comme dans les cas cités, en proportion des moyens.

Je ne suis pas surpris que vous ajourniez votre communication envers la commandite, qui constitue le principal nœud de la théorie sociale de la banque. Mais je vous félicite d'avoir directement porté vos méditations sur ce domaine important et difficile. C'est, en effet, par la fonction commanditaire que la banque peut dignement procéder à la systématisation de l'industrie universelle, d'après les relations qu'elle y développe avec toutes les classes de produc teurs matériels, pour créditer partout ce qui mérite d'être appuyé.

Votre nouvelle devise me semble d'un positivisme énergique, qui même vous compromettrait maintenant envers certaines gens si vous ne la laissiez pas en latin. Mais elle est incomplète comme indiquant un caractère hostile envers le passé. Vous la rendriez plus historique, sans diminuer son énergie, en y remplaçant *fugatis* par *exinctis* et *adest* par *successit*.

Au reste, je saisis cette occasion pour vous déclarer que, si vous avez été détourné d'adopter ma propre devise dans la crainte que je ne m'en fusse exclusivement réservé l'usage, vous devez écarter entièrement un tel scrupule. Depuis janvier 1847 où j'introduisis ce cachet, je me suis toujours félicité quand on a cru devoir s'en servir. Il existe maintenant dix ou douze positivistes qui l'ont adopté couramment, et je désire beaucoup que l'usage en devienne universel parmi nous. La fréquente circulation de cette devise décisive manifeste et féconde l'extension du positivisme. Elle est déjà devenue une garantie de loyauté pour la poste de Paris, qui jamais ne vérifie le nombre des feuilles des volumes que j'envoie souvent, s'en rapportant toujours à ma déclaration inscrite.

D'après votre récente renonciation au projet de réimpression immédiate du tome IIe de ma *Philosophie positive*, je me suis trouvé conduit à discuter rationnellement une opération d'abord conçue sous l'impulsion essentiellement empirique résultée du tome Ier. Par là, j'ai finalement résolu de n'accorder, *quant à présent,* aucune autorisation pour cela. Quand ce volume sera vraiment épuisé, ce qui ne me semble pas possible avant un an, je verrai ce qu'il convient de faire à cet égard, ou ma disposition à ne point permettre, au moins de long-temps, la réimpression des tomes suivants. Ce second volume est peu susceptible d'une vente séparée ; et quiconque voudrait ainsi l'isoler trou-verait d'ailleurs le plein équivalent de sa principale moitié dans mon *Astronomie populaire* de 1844, qui n'est point assez répandue.

Tout à vous,

Auguste Comte.

(*10, rue Monsieur-le-Prince*).

P.-S. — Ayant annoncé d'après votre indication, pour le Ier octobre, l'apparition de la *seconde* édition du tome *premier* de la *Philosophie positive,* je suis maintenant assailli souvent de questions à cet égard, sans savoir encore ce que j'y dois répondre, n'ayant aucune connaissance de cette publication.

XX

A Monsieur EUG. DEULLIN, à Épernay.

Paris, le dimanche 9 Descartes 65,

Monsieur,

Pour hâter autant que possible une publication trop retardée déjà, je réponds immédiatement à votre lettre d'hier, en vous déclarant définitivement que je ne veux permettre aucune annonce de terme fixe envers la réimpression du tome IIe de ma *Philosophie positive*. Il serait même possible que ce volume ne fût, comme les suivants, jamais réimprimé jusqu'à l'époque où je dirigerai moi-même une édition vraiment nouvelle de mon livre fondamental. Quant au reste de l'annonce que vous me soumettez, envers les équivalents actuels de ces divers tomes, je n'y vois aucun inconvénient.

La marche que vous m'indiquez à l'égard des nouveaux convertis me paraît extrêmement sage. Il serait, en effet, très inopportun d'insister d'abord sur le subside, auquel leur participation doit rester essentiellement spontanée. Toutefois, on ne peut regarder comme solides les conversions qui ne sont pas immédiatement accompagnées d'une coopération quelconque à ce devoir positiviste, à la fois moyen d'épreuve et de ralliement.

Tout à vous,
Auguste Comte.
(*10, rue Monsieur-le-Prince*).

XXI

A Monsieur EUG. DEULLIN, à Épernay.

Paris, le vendredi 21 Bichat 65.

Monsieur,

Votre envoyé m'a remis lundi, avec les *quarante francs* dont voici les reçus, deux de vos lettres, datées des 7 Frédéric et 3 Bichat. Elles m'ont beaucoup satisfait en m'apprenant la précieuse extension du foyer positiviste qui surgit, en Champagne, sous votre impulsion. Mais j'y goûte surtout les nouvelles manifestations de votre zèle persévérant et de votre rare aptitude à juger ou caractériser les hommes, double condition des succès pratiques auxquels vous me semblez hautement appelé. J'attache, comme vous, une grande importance à l'acquisition décisive de M. Vagny, qui me paraît réunir tous les attributs essentiels du républicain-conservateur, vrai type de nos meilleurs adhérents. Le jeune adepte annoncé dans votre seconde lettre pourra, s'il persiste convenablement, devenir spécialement précieux, en nous fournissant le premier exemple d'une adhésion réelle parmi les chefs manufacturiers.

Quoique votre première lettre date déjà de six semaines, l'annonce qui la termine, envers le premier volume de ma *Philosophie positive,* n'est point réalisée jusqu'ici. Il faut certainement attribuer ce désappointement, d'après lequel j'ignorais la mise en vente de cette réimpression, à la négligence du libraire que vous aviez naturellement chargé de me transmettre ces exemplaires.

N'ayant pu voir encore ce volume, j'ignore si sa couverture contient l'annonce de l'ouvrage récemment publié par Miss Martineau sur le positivisme, comme je vous l'avais indiqué. Les positivistes de Paris n'ont encore aucune connaissance de ce livre. Mais plusieurs de mes disciples d'Irlande et de Hollande le lisent depuis plusieurs semaines avec satisfaction, et déjà même une revue anglaise en a rendu compte.

Tout à vous,

Auguste Comte.

(10, rue Monsieur-le-Prince).

XXII

A Monsieur EUG. DEULLIN, à Épernay.

Paris, le vendredi 28 Bichat 65.

        Monsieur,

J'ai reçu ce matin votre lettre du 22 Bichat, avec
les *dix* exemplaires que vous avez bien voulu me
destiner du volume réimprimé. Votre dépositaire
m'a fait, en même temps, demander pour vous des
opuscules que j'ai regretté de ne pouvoir lui remettre, n'en ayant plus depuis longtemps.

L'annonce que vous avez pris la peine de m'exposer
m'invite à vous recommander de ne point faire à
des livres tels que celui-là l'honneur de leur consacrer la moindre parcelle d'un temps aussi précieux
que le vôtre à tous égards. Si vous vouliez suivre
strictement le spectacle des incohérences et des
divagations que va de plus en plus susciter notre
anarchie, vous n'y suffiriez jamais. Car, ce débordement inévitable ne fait vraiment que commencer,
et ne pourra se développer que quand, l'ordre
matériel étant assuré comme la liberté spirituelle,
le désordre mental se manifestera sans entraves.

Toutefois, votre courte citation de la *Revue britannique* m'a présenté de l'intérêt en me confirmant
l'affinité croissante de ce recueil pour le positivisme,

qui, depuis dix ou douze ans, s'y trouve honorablement mentionné, par la réaction spontanée de l'accueil anglais. De tels journaux qui se multiplieront et s'amélioreront, nous informeront assez des diverses productions surgies en Occident pour dispenser le noyau positiviste d'y donner une attention directe.

Miss Martineau m'a fait remettre mardi sa précieuse publication sur la philosophie positive. J'en suis tellement satisfait que je viens d'écrire à cette éminente traductrice une lettre de félicitation et de remerciement, en lui signalant mon envoi des trois volumes déjà publiés de mon second grand ouvrage avec mon *Catéchisme*. Ce long et difficile travail a produit une excellente traduction, condensée de moitié, qui prouve une admirable combinaison de conscience et de talent. Je n'ai pas craint de déclarer que le nom de Miss Martineau devient inséparable du mien. Car, pour la majorité des lecteurs, la lecture de cette traduction sans exemple sera désormais préférable à celle du livre original, qui ne restera nécessaire qu'aux véritables théoriciens. Nous devons donc regarder une telle publication comme un événement décisif pour la digne propagation du positivisme, non seulement en Angleterre, mais dans tout l'Occident où ce livre serait fort utile à traduire exactement, peut-être même en France. Suivant mon annonce, une telle composition fait spontanément ressortir la frivolité du travail que M. Lewes avait précipitamment compilé pour prendre les devants.

La fin de votre lettre m'a plus affligé que surpris, en me signalant des dissidences que votre
silence m'annonçait assez. Mais je dois approuver
et seconder les mesures que vous inspire cette triste
situation, trop commune dans les familles actuelles.
Quelque mal fondées que soient les inquiétudes
maladives ou les antipathies aveugles dont vous me
parlez, nous vous aiderons tous à les ménager,
quand même elles devraient toujours durer. Les
positivistes se montreront supérieurs à leurs divers
adversaires en pratiquant envers eux une bienveillante indulgence que ceux-ci ne sauraient admettre
d'après la nature absolue de leurs croyances. Je vous
témoigne déjà cette disposition, en vous répondant
par la voie indirecte que vous me signalez, et j'em-
ploierai votre libraire, selon vos vœux, pour le
prochain envoi de ma nouvelle circulaire.

Tout à vous,

Auguste Comte.

(*10, rue Monsieur-le-Prince*).

XXIII

A Monsieur E. DEULLIN, à Épernay.

Paris, le jeudi 5 Archimède 66.

Monsieur,

Je suis, depuis deux mois, absorbé par mon quatrième volume, dont l'impression va commencer,

et que vous aurez, j'espère, en juillet. Me voilà donc, pour tout ce temps, à mon régime de travail, ne sortant que le mercredi, ne consacrant que le jeudi, soit aux entrevues, soit à ma correspondance. C'est pourquoi je n'ai pu répondre plus tôt à votre lettre de jeudi dernier, qui m'est arrivée le lendemain.

Voici le reçu correspondant au mandat qu'elle renfermait, et dont je reçus hier la valeur.

Croyez que je sympathise beaucoup, soit avec les ennuis et les peines de votre isolement actuel, soit avec la douloureuse nécessité qui vous l'impose passagèrement. Je sens très bien qu'un surcroît d'activité dans votre noble zèle pour la digne propagation de notre foi ne saurait compenser de tels chagrins, quoiqu'il puisse en diminuer le poids.

L'un des plus éminents positivistes, tant de cœur que d'esprit, mon jeune disciple M. Lonchampt, vient de vous écrire en faveur de l'utile publication entreprise, tous les quinze jours, sous le titre : *Eco Hispano-Americano,* par M. Florez, assisté de M. Contreras, tous deux membres de la Société positiviste depuis six ans. Je me joins à lui pour vous recommander cette opération, que je crois bien conçue, et susceptible d'un vrai succès, même financier. Ces dignes Espagnols me paraissent très propres à faire convenablement pénétrer le positivisme dans l'immense milieu sur lequel ils commencent d'exercer une action dont le développement n'attend que quelques capitaux, vu leur noble pauvreté.

Depuis plusieurs mois, sur les instances du même

M. Lonchampt, j'ai permis à M. Deroisin de revenir me voir quelquefois. Il m'a paru regretter sincèrement ses torts antérieurs, et capable de les réparer, quoiqu'il ne puisse plus m'inspirer autant de confiance qu'auparavant, à moins que les actes ne confirment avec le temps les discours actuels. Comme je vous informai de son éloignement, je crois devoir aussi vous annoncer cette transformation, afin que vous puissiez, en ce qui vous concerne, mieux déterminer ce qu'il vous convient de faire à son égard, en cas de nouvelles occasions de contact.

Tout à vous,

Auguste Comte.

(*10, rue Monsieur-le-Prince.*)

P.-S. — Pour éviter toute chance de perturbation, je continue d'employer aujourd'hui le mode indirect de transmission que vous m'aviez récemment recommandé. J'agirai de même, sans vous en reparler, tant que vous ne m'aurez point invité spécialement à reprendre la transmission directe.

XXIV

A Monsieur E. DEULLIN, à Épernay.

Paris, le jeudi 26 Archimède 66.

Monsieur,

Voici les *six* reçus correspondants à votre mandat de *cinquante-cinq* francs, dont la valeur me fut payée hier. Je vous félicite des deux nouvelles adhésions que vous m'annoncez, et surtout de celle de M. Cordier, qui paraît pouvoir devenir précieuse à divers titres. Votre rapport sur lui m'a permis de remarquer, une fois de plus, avec quelle précision et netteté vous jugez les personnes, en homme ainsi digne de commander.

Je vous félicite d'avoir fait personnellement la connaissance de M. Lonchampt, auquel, dès son retour, j'adresserai le même compliment, car vous êtes à mes yeux tous deux faits pour vous apprécier profondément et vous perfectionner mutuellement. Il ne sera pas plus surpris que moi de voir votre sage réserve, comme chef industriel, refuser finalement d'intervenir dans l'entreprise de nos deux Espagnols, du moins tant qu'ils n'auront pas modifié leur mode vicieux d'organisation financière. Si, comme je l'espère, votre refus actuel les pousse à refondre convenablement leur association, vous leur aurez doublement rendu service, puisqu'ils seront ainsi poussés à se débarrasser d'un absurde patron, dont je leur ai déjà signalé le danger. Quand ils auront rempli les conditions raisonnables, vous trouverez peut-être que leur utile opération mérite vos encougements. Au reste, lorsqu'on vend ce qui ne doit pas se vendre, il faut peu s'étonner qu'on institue mal la vente, surtout si l'on sort d'être exploité par un soi-disant capitaliste, ce qui dispose des lettrés à manquer d'une sage subordination envers des financiers pour des affaires pécuniaires.

La sommaire exposition qui remplit la majeure partie de votre lettre de lundi mérite tous mes éloges. Hier, je lus, à la soirée hebdomadaire de la Société positiviste, cette judicieuse appréciation, qui me paraît autant éclaircir la théorie positive de la commandite que le mémorable rapport de M. Magnin le fit envers la question générale du travail. Je vous félicite d'avoir tant utilisé les courtes indications que vous ont, à cet égard, fourni mes livres. Vous trouverez des notions plus décisives dans quelques phrases de mon volume final, dont l'impression vient de commencer. Toutefois, l'explication normale de cette théorie appartient au traité qui terminera ma carrière d'écrivain, en 1862, quoique je l'aie promis dès mon début en 1822, mon *Système d'industrie positive*, ou *Traité de l'action totale de l'Humanité sur la planète*, deux volumes in-8°, dont l'annonce se trouvera reproduite à la fin du tome que j'achève.

En approuvant l'ensemble de votre théorie de la

commandite, je vous invite à renoncer au projet dubitatif qui la termine dans votre lettre, parce qu'il est, au fond, hétérogène à votre conception. Vous pouvez le sentir en remarquant sa source factice, tandis que le reste est pleinement conforme à l'esprit universel de la raison positiviste : voir les choses comme elles sont, pour les améliorer autant que possible, en destinant toujours l'ordre artificiel à prolonger l'ordre naturel. L'action ne comporte jamais qu'un faible degré de concentration. Seule la spéculation peut et doit être condensée, au point de siéger d'abord tout entière dans un seul cerveau, d'où son expansion rayonne sur l'espèce humaine intégralement considérée. Nos habitudes modernes de centralisation politique, quoiqu'elles touchent à leur fin, disposent à de fausses tentatives, qui gêneraient l'industrie en voulant trop la régler. De plus, le passé militaire tend à vicier aussi les conceptions pratiques, quand on oublie que l'activité guerrière est éminemment synthétique, tandis que l'essor industriel doit toujours être essentiellement analytique. Cette différence résulte de ce que l'ancienne activité s'exerçait sur les hommes, tandis que la nouvelle s'adresse aux choses. Vous sentirez bientôt que cette question se rattache directement à la division fondamentale des deux pouvoirs, que tendrait à compromettre votre banque centrale, si son défaut d'unité ne suffisait pour neutraliser cette institution factice.

Quand la France sera décomposée en dix-sept triumvirats, on reconnaîtra l'impossibilité de sou-

tenir la Banque de France, qui déjà se dissout spontanément en succursales, bientôt indépendantes
d'elle, comme le sont les banques de Dublin et
d'Édimbourg envers celle de Londres. A plus forte
raison une banque *occidentale,* et surtout *universelle,*
serait-elle une chimère perturbatrice.

Tout à vous,

Auguste Comte.

(*10, rue Monsieur-le-Prince*).

XXV

A Monsieur EUG. DEULLIN, à Épernay.

Paris, le mercredi 11 Saint-Paul 66.

Monsieur,

Je regrette beaucoup que vous n'ayez pu revenir
dimanche soir. Votre infructueuse visite s'est accomplie pendant que l'inaltérable souvenir de votre
importante communication sur la commandite me
faisait placer, dans le quatrième chapitre de mon
volume final, cette phrase : « Je regarde comme
« un heureux augure pour le prochain avène-
« ment du positivisme que mes premiers aperçus
« sur un tel office en aient déjà fait dignement
« concevoir l'ensemble par un jeune banquier,
« dont l'adhésion à la vraie religion est aussi

« sage que dévouée ». En vous transmettant aujourd'hui cette juste appréciation, je me dédommage d'avoir perdu la satisfaction de vous la lire aussitôt après l'avoir écrite.

Tout à vous,

AUGUSTE COMTE.

(*10, rue Monsieur-le-Prince*).

XXVI

A Monsieur E. DEULLIN, à Épernay.

Paris, le mardi 24 Bichat 66.

Monsieur,

Voici les huit reçus qui correspondent au mandat de 105 francs inclus dans votre lettre d'avant-hier. Ce second envoi manifeste la consistance du précieux foyer que le positivisme vous doit en Champagne.

L'exemplaire exceptionnel que vous m'annoncez aura beaucoup de prix pour moi, non seulement comme émané de l'un de mes meilleurs disciples, mais à titre aussi de souvenir de votre noble participation à l'utile reproduction d'un volume indispensable.

J'accueille avec joie l'espoir que vous me donnez de votre concours à la cordiale réunion annuelle qui s'accomplira lundi prochain, et dont l'importance ordinaire se trouve maintenant augmentée par l'entière terminaison de ma construction religieuse.

Tout à vous,

AUGUSTE COMTE.

(*10, rue Monsieur-le-Prince.*)

XXVII

A Monsieur EUG. DEULLIN, à Épernay.

Paris, le mercredi 10 Archimède 67.

Mon cher disciple,

Votre relieuse m'a remis, avant-hier lundi, le bel exemplaire que vous m'aviez annoncé. Quoique je vous aie d'avance adressé mes justes remerciements pour un tel hommage, j'éprouve aujourd'hui le besoin de vous témoigner combien m'a spécialement touché votre noble suscription. Je vous prie aussi de féliciter, en mon nom, M. Poterlet, envers son heureuse tentative d'une première symbolisation graphique du vrai Grand-Être.

Tout à vous,

AUGUSTE COMTE.

(*10, rue Monsieur-le-Prince*).

P.-S. — Puisque vous ne m'avez pas redemandé ma dernière circulaire, j'espère que votre libraire aura réparé la négligence dont je fus informé, le mois passé, quant aux dix exemplaires que j'envoyai chez lui pour vous le 19 janvier.

XXVIII

A Monsieur EUG. DEULLIN, à Épernay.

Paris, le samedi 6 Dante 67.

Mon cher disciple,

Voici, par anticipation sur mercredi, pour éviter un port spécial, le reçu correspondant du mandat inclus dans votre lettre d'hier.

J'éprouve le besoin de vous témoigner combien j'ai regretté de n'avoir pu mardi recevoir votre bonne visite. C'était le jour où je devais achever mon *Appel aux Conservateurs,* que j'ai réellement terminé quelques heures après que vous êtes venu. L'impression va commencer lundi, de manière que cet opuscule paraîtra, j'espère, au milieu d'août.

Il est destiné directement aux hommes d'État, afin d'éveiller l'attention des conservateurs sur la synthèse qui réalise, à leur insu, le vœu stérile qu'ils ne cessent de former, depuis soixante ans, pour la conciliation radicale entre l'ordre et le progrès. J'espère ainsi faire bientôt pénétrer le positivisme dans le milieu le plus propice à son installation. C'est pourquoi j'enverrai cet opuscule (moitié du *Catéchisme positiviste*), non seulement à notre dictateur actuel par M. Vieillard, mais à la plupart des chefs occidentaux, à tous ceux qui me seront signalés comme susceptibles d'en profiter.

On peut l'envisager dans sa relation au chapitre final de ma *Politique positive*, dont il forme un complément pratique, afin d'inaugurer la transition organique. Je n'avais pas, l'an dernier, pu spécifier assez le mode d'introduction de ce régime prépara-toire. Cet opuscule va combler une telle lacune en caractérisant la politique propre à la phase prélimi-naire où les conservateurs exerceront le pouvoir pour le transmettre plus tard aux positivistes, quand la lutte contre le communisme l'exigera. Pendant ce début, qui doit au moins durer sept ans, les positivistes, tant praticiens que théoriciens, se bor-neront à l'influence purement consultative, en aidant les conservateurs à surmonter les rétrogrades et les révolutionnaires. Ainsi se prépareront les hommes d'État propres à notre doctrine et le public d'élite qui peut seul appuyer leur avènement ultérieur.

Si l'entrevue de mardi n'avait pas malheureuse-ment été rendue impossible, je vous aurais expliqué le plan de conduite que cet opuscule va nécessiter chez les positivistes, et même la participation spéciale qui vous y concerne personnellement. Mais j'espère que ce précieux contact est seulement ajourné pour peu de temps. Ce travail exceptionnel de mon année de chômage étant achevé, je serai maintenant disponible jusqu'à la fin de janvier 1856, où commencera le premier des trois ouvrages connexes que j'ai promis en terminant, l'an dernier, ma principale construction. Pendant ces six mois, je serai toujours libre, outre le soir accoutumé, toute la journée, sauf mes deux sorties hebdomadaires, l'une le mercredi, commune à toutes les époques, l'autre le samedi, particulière aux temps de repos. En vous indiquant cette distribution, j'espère éviter la reproduction du désappointement que j'ai tant déploré mardi.

Tout à vous,

Auguste Comte.

(10, rue Monsieur-le-Prince.)

P.-S. — Deux ménages positivistes, intimement liés, et très recommandables, se trouvent maintenant établis, près de vous, à La Ferté-sous-Jouarre. L'un est celui d'un médecin de votre âge, le Dr Robinet (impasse Saint-Nicolas) avec une digne épouse et trois charmants enfants, constituant la famille la plus complètement vouée au positivisme, dont les principaux sacrements y sont déjà pratiqués. Quant à l'autre couple, c'est M. de Cappellen (impasse du Limon), ancien capitaine de cavalerie hollandaise, avec sa femme, une Française fort distinguée, aussi pleinement positiviste que lui ; leur fille unique reste en pension à Paris. Si la proximité vous conduit à ces deux contacts, vous en serez probablement satisfait, et je suis certain qu'ils seront très agréables à ces deux familles, dont je regrette beaucoup que la métropole se trouve privée, du moins pour quelques années.

XXIX

A Monsieur EUG. DEULLIN, à Épernay.

Paris, le samedi 27 Bichat 67.

Monsieur et cher disciple,

Je viens de terminer mon année de chômage par le testament promis à la fin de mon principal ouvrage ; je l'ai remis, lundi 24 décembre, à M. Laffitte, son perpétuel dépositaire. Vous ayant choisi pour l'un de mes treize exécuteurs testamentaires, je vous prie de prendre, chez M. Laffitte (23, rue Racine), connaissance de cette pièce, afin que vous puissiez sciemment accepter ou refuser un office où je me féliciterais de votre coopération. En cas d'acceptation, vous aurez ensuite la faculté de copier cette pièce, à votre seul usage.

Tout à vous,

Auguste Comte.

(*10, rue Monsieur-le-Prince.*)

XXX

A Monsieur EUG. DEULLIN, *à* Épernay.

Paris, le lundi jour complémentaire de l'an 67.

Monsieur et cher disciple,

Quoique votre mandat d'hier (dont voici les reçus) ne soit payable qu'après-demain, je le fais figurer au subside de 1855, suivant votre intention et celle des souscripteurs. Je présume que le retard de cet envoi n'est dû qu'à votre espoir, conservé jusqu'au dernier moment, d'y joindre une cotisation de plus. Bien loin d'être surpris de trouver un déchet de deux noms dans la liste de cette année, je suis seulement étonné de ne pas voir d'autres défections. Car, c'est vraiment l'année d'épreuves, où cessent les adhésions provisoires que suscita l'insuffisante connaissance de notre doctrine jusqu'à sa pleine exposition, qui n'est terminée que depuis quinze mois. Toutes celles qui maintenant persistent doivent, ce me semble, être désormais regardées comme définitives. La diminution du nombre des souscripteurs serait ainsi plus grave que ne l'annoncera ma septième circulaire, directement relative à la question du subside, et que j'écrirai la semaine prochaine. Mais les défaillants se trouvent heureusement compensés par de nouveaux coopérateurs, qui vont bientôt se grossir de tous ceux qui, comme je l'eusse fait à leur place, attendaient la fin de ma construction pour la lire et la goûter. Je me félicite de vous voir dignement accepter l'office que je vous ai proposé pour mon testament, dont l'élaboration me place au point de vue le plus convenable à ma troisième et dernière grande composition, qui va commencer le 1er février par le volume que je compte publier en octobre. La plupart des exécuteurs testamentaires que j'ai choisis sont, comme vous, disposés à se charger, de confiance, d'une telle mission. Mais je désire que, suivant votre sage réserve, ils aient d'abord lu cet acte exceptionnel avant de me déclarer une acceptation définitive, qui demande un plein examen du cas.

Lorsque vous aurez pu convenablement lire, c'est-à-dire relire, mon *Appel aux Conservateurs,* vous sentirez que son principal résultat se rapporte directement aux positivistes, dont il détermine l'attitude générale dans le présent milieu. J'y développe, quoique implicitement, ma proclamation fondamentale, tacitement admise par tous les partis actuels, sur notre prise de possession de la direction, essentiellement vacante, de l'ensemble des affaires terrestres. Car nous ne devons et pouvons maintenant saisir que le conseil, en attendant que nous et le public soyons mûrs pour le commandement, qui doit nous être dignement transmis, dans une douzaine d'années, par les conservateurs, quand ils se sentiront incapables de tenir tête aux niveleurs communistes. **Notre** attitude actuelle consiste donc à nous efforcer tous, tant praticiens que théoriciens, de seconder l'avènement du vrai pouvoir spirituel, en nous abstenant de participer à toute agitation politique, pour faire seulement usage de la liberté générale d'exposition, à laquelle notre doctrine doit naturellement procurer une irrésistible efficacité. Quand vous serez assez fixé là-dessus, j'aurai besoin d'avoir avec vous un entretien spécial, à la fois personnel et social, sur l'avènement ultérieur des praticiens positivistes à l'autorité politique, avènement qu'il faut déjà préparer tout en l'ajournant au temps voulu.

Tout à vous,

Auguste Comte.

(10, rue Monsieur-le-Prince.)

XXXI

A Monsieur EUG. DEULLIN, à Épernay.

Paris, le vendredi 2 Moïse 69.

Mon cher disciple,

Voici les huit reçus correspondants au mandat, immédiatement payé, que renfermait votre lettre de mardi, parvenue le lendemain matin. Je suis toujours touché de votre noble patronage et de la persistance des autres souscripteurs champenois. Quoique leur persévérance soit surtout due à votre ascendant spontané, je dois aussi l'attribuer à de vraies convictions personnelles.

J'apprends avec joie, mais sans surprise, l'heureuse extension de vos affaires industrielles, qui déjà confirme mes prévisions sur votre bel avenir pratique. Au début d'une telle ascension, je dois paternellement signaler la dégénération morale et sociale qu'elle pourrait accessoirement susciter si vous vous laissiez graduellement dominer par l'entraînement spécial, qui vous détournerait des vues d'ensemble et des sentiments correspondants. C'est pourquoi je regrette votre silence envers moi pendant l'année qui vient de finir, et surtout le délai qu'éprouve l'entretien décisif, à la fois personnel et social, dont je vous ai, depuis deux ans, indiqué le besoin. Dans l'intérêt de votre belle carrière, tant industrielle que politique, vous devez maintenant développer et multiplier, autant que vous le pourrez, les contacts mutuels qui manquent aux vrais positivistes, et d'où dépend l'essor immédiat de leur influence sociale, si disproportionnée encore à l'opportunité de leur foi. La situation occidentale exige de plus en plus leur intervention, et c'est à leur insuffisante union qu'il faut surtout attribuer leur peu d'ascendant sur un milieu qui, dépourvu de conviction contraire, ne leur résiste que par son inertie.

Ma prochaine circulaire devant développer ces indications, je me borne maintenant à vous recom-

mander d'utiliser les occasions spéciales qui vous
sont spontanément survenues d'entrer en digne
contact avec deux positivistes extérieurs, très distin-
gués l'un et l'autre, quoique inégalement. L'opuscule
de M. de Constant a dû vous indiquer l'éminente
nature de ce marin retiré, non moins synthétique
que sympathique. C'est à sa noble et simple munificence qu'est surtout due l'assistance exceptionnelle
jusqu'ici nécessitée par la honteuse insuffisance
annuelle du subside positiviste. Il vient, avec un
anonyme hollandais, de fournir un supplément de
1.000 francs moyennant lequel le minimum normal
se trouve, pour la première fois, dépassé notablement en 1856. Quant à M. Hutton, ce jeune
avocat a, depuis deux ans, tellement gagné de
cœur, d'esprit et même de caractère, qu'il figurera,
j'espère, parmi les meilleurs apôtres pratiques du
positivisme.

Je dois aussi signaler à votre attention personnelle deux éminents apôtres théoriques auxquels
nous devons, l'un en Amérique, l'autre en Angleterre, deux opuscules précieux, que ma circulaire
fera spécialement ressortir. Dans le premier, *The
positivist calendar,* à New-York, ou plutôt à Long-
Island, l'un de mes meilleurs disciples (M. Henry
Edger) a dignement propagé votre mémorable devise
latine, qui, publiée d'abord en France, puis en
Hollande, a déjà gagné les États-Unis, où les purs
Anglais la prendront bientôt, en attendant les Allemands. Cet opuscule constitue l'exposition la plus
satisfaisante du positivisme religieux et social. Quant

à l'autre, non moins recommandable, sous l'aspect politique, il est intitulé *Gibraltar : or the foreign of England,* by Richard Congreve (chez John Parker, West Strand, London). Il a dignement réalisé le vœu que j'avais, en juin dernier, spécialement émis à M. Congreve pour installer la diplomatie positiviste par la paisible et libre restitution de Gibraltar, dont l'usurpation est aussi blâmable que le fut celle de Calais. Si nous gagnons cette pacifique bataille, nous pourrons ensuite faire un appel direct au public germanique en faveur de l'Italie, dont le cas est trop grave pour être immédiatement traité sans danger.

Le 17 novembre 1856, a paru, comme vous le savez peut-être, le tome 1ᵉʳ de ma *Synthèse subjective.* Il constitue, en lui-même, le *Système de Logique positive,* ou *Traité de Philosophie mathématique,* promis à la fin de mon principal ouvrage. Ce volume, quoique très supérieur à celui que vous avez noblement réimprimé, ne doit aucunement nuire au débit de celui-ci, dont il fait, au contraire, mieux sentir la véritable nécessité, tant spéciale que générale.

Tout à vous,

Auguste Comte.

(*10, rue Monsieur-le-Prince.*)

P.-S. — Pour que vous puissiez directement écrire aux deux vrais positivistes auxquels vous comptez répondre, voici leurs adresses respectives :

M. le baron W. de Constant-Rebecque, capitaine de frégate en retraite, à La Haye (*Hollande*) ;

M. Henry Dix Hutton, avocat, 1, Nelson-Street, Dublin (*Irlande*).

La présente année devant être par moi, sans rien publier, consacrée, tout entière, à la pure préparation méditative des IIe et IIIe volumes de ma *Synthèse subjective,* je serai, pendant son cours total, pleinement disponible, pour les dignes entretiens, tous les jours de la semaine, sauf les mercredis et samedis, mes seuls jours de sortie normale.

UNE LETTRE A M. BALZAGETTE

1852.

A Monsieur BALZAGETTE,
professeur de littérature.

Monsieur et cher disciple,

Pour l'édification de nos confrères, je leur ai hier
lu intégralement votre noble et touchante lettre de
dimanche. Tous ont j'espère senti comme moi ce que
de tels sentiments dignement exprimés font rejaillir
d'honneur et de puissance sur la religion capable de
les développer activement au milieu de l'anarchie
universelle. Je vois avec satisfaction que votre pénible
situation, outre la sage résignation qu'elle manifeste en vous, tend à vous mieux pénétrer du
principal caractère propre au vrai pouvoir spirituel,
son aptitude à faire apprécier et même prévaloir,.
autant que possible, le véritable mérite personnel,
sous les apparences si souvent vicieuses résultées
des diverses positions sociales, et sans cependant
exciter aucune vaine insurrection contre une
fatalité qu'il faut savoir respecter tout en la jugeant.
Quelle que soit la fonction spéciale qu'il doit d'abord
accomplir scrupuleusement, chaque citoyen exerce
aussi une fonction générale relative à la conserva-
tion et au perfectionnement du Grand-Être. C'est
par cet office commun à tous que les hommes
doivent être finalement classés, quoique la difficulté

d'un tel classement ne permette point à l'ordre réel de reposer directement sur lui, du moins pendant la vie objective. Mais sans attendre la coordination subjective, ce même devoir universel peut immédiatement procurer des satisfactions intimes au milieu des plus pénibles situations personnelles.

Salut et fraternité.

AUGUSTE COMTE.

(*10, rue Monsieur-le-Prince*).

Jeudi 15 Aristote 64.

DEUX LETTRES A M. FOUCART

1854-1855.

A Monsieur FOUCART, à Valenciennes.

Paris, le mardi 10 Archimède 66 (4 avril 1854).

Monsieur,

Je suis maintenant absorbé par le quatrième et dernier volume de mon *Système de politique positive,* dont l'impression va commencer, et qui paraîtra, j'espère, en juillet. C'est pourquoi je n'ai pu répondre immédiatement à votre honorable lettre du 28 mars, que j'ai reçue le lendemain. Outre mon habitude de promptes réponses à toutes les lettres qui m'intéressent, j'aurais souhaité pouvoir plus tôt vous témoigner ma satisfaction des sérieuses intentions que vous manifestez envers l'étude du positivisme et de dispositions synthétiques devenues presque exceptionnelles dans notre temps d'analyse anarchique.

Quant à votre mémorable demande, je ne puis aucunement y satisfaire, puisque je n'ai jamais dressé les tableaux que vous désirez et je ne compte pas les construire ultérieurement. Le plan de mes livres est assez marqué par leur table, et l'esprit de chaque volume assez caractérisé dès son début, pour que je n'aie point éprouvé ce besoin synoptique, sauf envers les conceptions qui surgirent ainsi, comme dans les deux cas que vous me rappelez et plusieurs autres mentionnés au *Catéchisme positiviste*. Mais je puis vous assurer que ce dernier opuscule, destiné surtout à systématiser notre propagande, vous fera suffisamment connaître la nature et la destination de ma doctrine, si vous le lisez après le discours préliminaire sur l'ensemble du positivisme qui commence le traité que j'achève. Cette double lecture, qui n'exige pas plus de trois semaines, chez un homme ayant peu de loisir, mais susceptible d'une forte méditation, vous dirigera mieux que des tableaux quelconques dans l'examen appronfondi de mon principal ouvrage, outre qu'elle vous permettra davantage de sentir si cette doctrine vous convient, tous les programmes proprement dits étant plus ou moins équivoques. Néanmoins, j'ai lu votre lettre à la réunion hebdomadaire de mes disciples, en les invitant à réfléchir sur votre demande, à laquelle plusieurs d'entre eux pourraient convenablement satisfaire, s'ils se pénètrent assez de l'utilité réelle qu'offrirait son exécution. Je leur ai même, à cet égard, cité l'exemple irrécusable de notre éminent contemporain, M. Dunoyer, qui, publiant, en 1845, son principal ouvrage, le termina par une table analytique très propre à le faire mieux saisir. Enfin, pour fixer davantage leur attention sur un tel travail, je leur ai rappelé le cas plus décisif de l'excellente table où Tracy résume le grand traité de Cabanis.

Salut et fraternité.

AUGUSTE COMTE.

(*10, rue Monsieur-le-Prince.*)

(Copie faite et donnée par M. le capitaine d'artillerie Mochot sur l'original trouvé par lui dans un exemplaire du *Catéchisme positiviste,* qu'il venait d'acheter par occasion et auquel la lettre avait été rendue adhérente, intentionnellement sans doute. L'ouvrage provenait vraisemblablement de la vente après décès de la bibliothèque de feu M. J.-B. Foucart.)

II

A Monsieur B. FOUCART, à Valenciennes.

Paris, le jeudi 4 Homère 67 (1ᵉʳ février 1855).

Monsieur,

Je viens de lire, avec le plus vif intérêt, votre digne relation de l'admirable fête où le culte spontané de l'Humanité s'est déjà montré supérieur aux meilleures pompes du catholicisme, même italien. Si j'eusse connu ce mémorable exemple un an plus tôt, je l'aurais convenablement signalé dans mon exposition sociolâtrique. Mais je pourrai bientôt le mentionner naturellement, en supposant qu'on me laisse faire, au printemps, le cours annoncé par ma dernière préface. Une telle manifestation me fait mieux sentir l'opportunité de mes efforts pour développer, en le systématisant, le sentiment universel de la continuité. Puisse mon volume final vous **suggérer** les moyens de mieux coordonner cette **heureuse commémoration** tout en la variant davantage, et de la compléter dignement par l'idéalisation de l'avenir!

Salut et fraternité.

AUGUSTE COMTE.

(*10, rue Monsieur-le-Prince*).

NEUF LETTRES A M. W. DE CONSTANT

1854-1857.

D'après les originaux donnés par
le destinataire.

I

A Monsieur le Baron DE CONSTANT, en Silésie.

Paris, le jeudi 19 Shakespeare 66 (28 septembre 1854).

Monsieur,

M. de Cappellen m'a remis hier soir les 800 francs que vous avez envoyés pour coopérer, conjointement avec votre digne ami M. X....., au supplément exceptionnel qu'exige l'insuffisance actuelle de mon subside annuel. Je m'empresse de satisfaire au besoin que j'éprouve de vous témoigner combien je suis touché de cette généreuse intervention, noblement accomplie avec une pleine opportunité, de manière à prévenir tout délai dans mes payements périodiques. Il y a lieu d'espérer que le subside sacerdotal cessera désormais d'exiger ces sacrifices supplémentaires. Mais leur reproduction vient aujourd'hui confirmer la manifestation de l'an dernier sur l'aptitude des vrais positivistes à développer les dispositions qui conviennent à leur mission. Cette consolante indication ressort surtout de l'étendue du sacrifice tutélaire spontanément accompli par vous et votre généreux ami.

Salut et fraternité.

Auguste Comte.

(10, rue Monsieur-le-Prince).

41

II

A Monsieur W. DE CONSTANT, à Paris.

Paris, le lundi matin 7 Aristote 68.

Mon éminent disciple et digne patron,

Je crois devoir vous informer que le mariage religieux de M. Fili se célébrera chez moi jeudi 10 Aristote (6 mars), à 2 heures précises.

Tout à vous,

AUGUSTE COMTE.

(*10, rue Monsieur-le-Prince*).

III

A Monsieur le Baron W. DE CONSTANT,
à La Haye.

Paris, le vendredi 18 Bichat 68.

Mon éminent disciple et digne patron,

Sans être aucunement surpris, je suis profondément touché du nouvel acte de générosité par lequel vous allez encore combler le déficit que j'avais justement craint pour la fin de cette année, d'après l'insuffisance spontanée du subside positiviste. Veuillez offrir à votre digne ami M. Y. la part que je lui dois dans la reconnaissance et l'admiration que m'inspire une telle conduite. La noble simpli-cité de ce protectorat volontaire en fait mieux ressortir le prix.

Dans votre précipitation cordiale, vous avez oublié de *passer à mon ordre* la lettre de change de 1.000 francs jointe à votre épître. C'est pourquoi je vous la renvoie ici pour que vous y remplissiez cette formalité, sans laquelle le payement m'en serait refusé.

M. Foley m'a soigneusement informé de l'incident imprévu qui concerne le ballot français de votre opuscule. Si vous ne parveniez pas à lever cet obstacle, je ne penserais pas qu'il fût spécialement dirigé contre un tel écrit, dont la première édition a circulé sans entraves en France, et n'en aurait pas éprouvé davantage quand même vous l'eussiez mise en vente. La poste m'a directement transmis l'exemplaire de la seconde édition que vous m'avez ouvertement adressé le 22 octobre. En cas que l'interdit ne fût pas levé, je le regarderais comme une mesure purement fiscale récemment obtenue, de l'aveugle zèle du gouvernement français pour la *propriété littéraire,* d'après les ignobles réclamations de nos lettrés contre la concurrence étrangère. Ce serait semblable à la prohibition subie par M. Florez envers l'introduction en Espagne de son *Eco,* par suite des rivalités de Madrid avec tout écrit espagnol publié dans un autre pays.

Si l'autorisation de reproduire la traduction de l'abbé Bautain ne vous est pas accordée, il faudra vous en consoler aisément. Cette comparaison augmenterait vos frais et grossirait votre volume, sans beaucoup concourir à faire mieux apprécier votre transformation. Il serait, je crois, préférable de laisser celle-ci directement confrontée au texte original.

Tout à vous,

Auguste Comte.

(*10, rue Monsieur-le-Prince*).

IV

A Monsieur W. DE CONSTANT, à La Haye.

Paris, le jeudi matin 24 Bichat 68.

Mon éminent disciple et digne patron,

J'ai reçu, vendredi dernier, votre lettre de l'avant-veille, renfermant un billet à ordre de 1.000 francs. Ce mandat n'ayant pas été transféré par vous à mon ordre, n'était réellement payable qu'à vous-même. Voilà comment je me suis trouvé dans la fâcheuse nécessité de vous le renvoyer immédiate-ment, afin que vous y remplissiez la formalité négligée, sans laquelle il ne pouvait aucunement me servir. Inclus dans la réponse que je vous fis vendredi même 19 décembre, il a dû vous parvenir dimanche, en sorte que j'attendais hier son retour régularisé. Ne recevant rien, je ne dois pas tarder davantage à vous annoncer cet incident. Quoique rares, les vols de lettres ne sont pas sans exemple. Votre réponse au présent avis pourra seule dissiper mon inquiétude à cet égard.

Tout à vous,

AUGUSTE COMTE.

(10, rue Monsieur-le-Prince).

V

A Monsieur W. DE CONSTANT, *à La Haye.*

Paris, le jeudi 15 Moïse 69.

Mon éminent disciple et digne patron,

Après avoir hier reçu votre lettre spéciale de lundi, j'ai su, par le libraire Dalmont, que, contre ma bienveillante hypothèse initiale, le refus officiel de laisser ici circuler votre seconde édition française des *Réflexions synthétiques*, etc., est indépendant de toute règle générale, et dû seulement à la répugnance particulière que cet opuscule inspire à *l'administration* actuelle (car je ne puis encore supposer que notre *dictateur* y soit pour rien). Je vais donc réclamer contre une telle inconséquence auprès de M. Vieillard, dont l'intervention pourra mieux réussir que s'il s'agissait d'une mesure universelle. Si j'obtiens ici quelque résultat, je vous en informerai directement.

Tout à vous,

AUGUSTE COMTE.

(*10, rue Monsieur-le-Prince*).

VI

A Monsieur W. DE CONSTANT, à La Haye.

Paris (*10, rue Monsieur-le-Prince*), le mardi 27 Homère 69.

Mon éminent disciple et digne patron,

L'envoi que je vous fis vendredi dut spontanément compenser mon silence exceptionnel sur votre lettre de mardi dernier, que je reçus jeudi. Je suis autant que vous sans nouvelles de M. de Montègre, au point que, depuis deux mois, je ne sais s'il est mort ou vivant.

Quoique je n'aie jamais eu d'entrevue ni de correspondance avec votre M. Mazelle, vos indications me font enfin soupçonner que c'est le jeune poète prussien qui, récemment marié, suivit avec sa femme mon cours public de 1846. J'ai négligé de joindre au paquet qui le concerne ma nouvelle circulaire, dont je pourrai vous envoyer quelques

exemplaires si vous le désirez,·vu l'heureuse libé-
ralité maintenant introduite dans les relations pos-
tales entre la France et la Hollande.

D'après votre dernière lettre, j'ai fait spécialement
demander au libraire Dalmont si votre ballot était
actuellement chez lui ; ce qui m'a directement
appris que cette affaire est encore restée au même
point qu'avant mon intervention. Je me suis ainsi
trouvé finalement conduit à faire hier, pour ce seul
motif, une visite exceptionnelle à M. Vieillard,
dont je n'avais nullement reçu de réponse à ma
lettre du 15 janvier. C'est ce qui m'a poussé, contre
ma coutume, à retarder jusqu'à ce moment ma
réponse à votre lettre de mardi dernier, afin de
pouvoir vous annoncer le résultat d'une telle entrevue.

Elle m'a beaucoup satisfait, sous tous les rapports.
Sans me répondre, M. Vieillard avait utilement
agi d'après ma lettre. Il a, mercredi dernier,
obtenu la promesse officielle que cet étrange interdit
serait prochainement levé. D'après notre entrevue,
il va, dans quelques jours, surveiller, et, s'il le
faut, hâter l'exécution de cette promesse. J'ai disposé pour lui du dernier des exemplaires que vous
m'aviez laissés de votre opuscule, qu'il fera certainement lire après l'avoir lu soigneusement.

Il faut maintenant consacrer tout le reste de
cette réponse à *la triste explication confidentielle* qui
vous est spécialement due sur le cas de M. Foley,
dont le mariage positiviste avorte par le refus de
·sa femme, malgré le préambule accompli.

Mon éminent disciple, après avoir **dédaigneu-**
sement rejeté tous les choix, naturellement vulgaires, mais probablement tolérables, que lui pro-
posait son père, a spontanément fini dans une de
ces familles incurablement révolutionnaires, dont
l'alliance sera bientôt antipathique à toutes les
âmes vraiment religieuses, d'abord positivistes, puis
catholiques, et même protestantes. Tandis que la
religion est toujours destinée à régler, indirectement
ou directement , l'ensemble de la vie humaine,
cette jeune dame, d'après son père stupidement
roussien, pense et dit que la vie humaine n'a
jamais besoin d'être systématiquement réglée, et
que le sentiment seul suffit pour nous conduire.
Elle ne professe qu'un vague et stérile déisme, qui
ne peut aucunement susciter le mariage mixte, où
les positivistes s'allient à des femmes d'une autre
religion quelconque, catholique, musulmane, juive
ou protestante, et même polythéiste ou fétichiste
au besoin.

Ce cas offre l'un des exemples les plus prononcés
du type pleinement anarchique, qui reste heureusement restreint à la France, où même il est extrêmement rare chez les femmes. Quoique j'eusse,
suivant ma coutume, d'abord jugé favorablement
cette jeune dame, je suis maintenant convaincu
que, nullement supérieure au vulgaire de son sexe
pour l'esprit et le caractère, elle est au-dessous de
la moyenne pour le cœur. Mon malheureux disciple
me semble avoir réellement manqué son mariage,
où les destinations morales vont se trouver essen-

tiellement interverties. Loin que sa femme puisse lui fournir une source directe d'amélioration affective, c'est à lui qu'échoit la tâche difficile d'élever et de développer les sentiments de cette jeune dame, mal cultivée et pauvrement organisée. Il a déjà pris, avec sa noble énergie habituelle, le parti le plus décisif, en se décidant à quitter Paris, pour aller prochainement exercer la médecine dans un village à trente lieues, éloigné 'de tout chemin de fer, de manière à priver sa jeune malade des funestes contacts paternels qui la rendraient probablement incurable. Une telle résolution m'inspire des regrets, à la fois personnels et sociaux, en restreignant une précieuse relation et dispersant le principal foyer positiviste. Néanmoins, je l'ai directement encouragée, comme seul remède à cette situation domestique, et je sais d'ailleurs qu'elle est profondément méritoire, vu le chagrin qu'en éprouve M. Foley, dont le petit capital lui permettrait encore de tenter, à Paris, pendant plusieurs années, une position médicale, quoique avec peu d'espoir d'y réussir.

Suivant cette issue imprévue, son mariage positiviste passe au second mode, où la religion de l'Humanité sanctifie, par le digne engagement du veuvage éternel, les unions qui se sentent imparfaitement consolidées par les cultes antérieurs. Mais ce mode, le plus décisif envers la loi du veuvage, exige que l'existence conjugale se soit convenablement prolongée pendant trois ans au moins, afin d'assurer que l'insuffisance des liens ordinaires est réellement sentie. Tel fut le cas du couple Robinet, le jeudi 25 décembre 1851, puis celui du couple Balzagette, le jeudi 7 juillet 1853. Ces deux exemples du mariage renouvelé sont pleinement normaux, puisque, dans chacun d'eux, l'union civile avait spontanément précédé la conversion au positivisme, et même l'élaboration directe de la religion de l'Humanité. Le cas de M. Foley, si, comme je l'espère encore, il finit par se réaliser dans trois ans, ne peut plus être aussi satisfaisant, puisque la consécration y pouvait être immédiate si la femme n'avait pas trompé les espérances universelles.

Une explication complète vous était spécialement due à cet égard, vu la cordiale assistance que vous aviez personnellement promise. En effet, le second mode du mariage positiviste s'accomplit sans aucune intervention de témoins particuliers, l'engagement étant assez consolidé par la signature de tous les positivistes présents à la célébration religieuse. C'est surtout au préambule que conviennent les témoins spéciaux, dont la participation à la cérémonie finale est principalement destinée à constater leur conviction du plein accomplissement de l'engagement préliminaire.

Tout à vous,

AUGUSTE COMTE.

P.-S. — Votre libraire Chapman ne m'a rien envoyé de votre part. Je présume qu'il attend, pour ce minime produit, l'occasion d'une remise plus considérable au nom de Miss Martineau.

Bien que l'intervention de M. Vieillard doive bientôt terminer l'incident relatif à la seconde édition française de votre opuscule, je crois ici devoir spécialement signaler un expédient récemment proposé par un nouveau positiviste, sur lequel je compte beaucoup, M. Foucart, principal avocat de Valenciennes (15, rue du Fossart). Il m'a spontanément offert d'employer ses relations officieuses avec les agents directs pour que votre libraire de Bruxelles lui pût adresser autant d'exemplaires successifs qu'on voudra, si l'interdit n'était pas levé ; ce qui permettrait ensuite à M. Dalmont de les recevoir sans obstacle. Mais, ce dernier étant trop prudent pour vendre un opuscule que notre gouvernement aurait réellement condamné, ce moyen ne serait finalement applicable qu'à des envois individuels. Outre la chance d'efficacité que ce mode pourrait ultérieurement conserver, même à d'autres égards, je dois surtout me féliciter que cette communication me fournisse l'occasion de m'expliquer sur M. Foucart. La nature spontanément ombrageuse qui rend M. de Blignières un observateur fort suspect m'avait d'abord conduit à mal augurer de M. Foucart, d'après des rapports erronés. Ayant eu, depuis quelques mois, plusieurs entrevues décisives avec lui, je me suis pleinement assuré qu'il mérite toute notre confiance, et chacun de mes disciples qui l'a pu voir ici pense comme moi sur lui. Nous devons le regarder comme une précieuse acquisition pour le positivisme, auquel il offre un auxiliaire très supérieur à M. de Blignières, sous tous les aspects vraiment essentiels, sauf une vaine instruction scientifique, ou plutôt mathématique. Il m'a spécialement annoncé la déclaration inattendue qui m'explique l'étrange attitude finalement prise envers moi par ce jeune capitaine d'artillerie, dont il faut bientôt attendre la défection décisive, d'après sa formule actuelle : Mon père spirituel, c'est M. Littré. Toute paternité supposée chez un homme qui n'a jamais pu rien engendrer, doit autant embarrasser l'acceptant que l'invoquant. Je crois pourtant que le vrai motif de cette étrange préférence consiste dans la secrète prédilection de M. de Blignières pour les âmes radicalement dépourvues d'énergie, auprès desquelles sa personnalité compte finalement obtenir un essor toujours incompatible avec un ascendant tel que le mien.

VII

A Monsieur W. DE CONSTANT, à La Haye.

Paris (*10, rue Monsieur-le-Prince*), le lundi 5 Archimède 69.

Mon éminent disciple et digne patron,

L'édition hollandaise de votre précieux opuscule m'est exactement parvenue hier avec votre bonne lettre de vendredi. Je vous félicite d'avoir ainsi réalisé ce complément nécessaire d'une importante publication. C'est surtout dans votre pays que votre noble initiative doit naturellement développer sa principale influence, d'après l'intime puissance spontanément inhérente aux convictions sincères et complètes surtout envers un milieu profondément incohérent.

Quant à la seconde édition française exceptionnellement confinée à la douane parisienne, je n'en ai pas entendu parler plus que vous depuis mon entrevue avec le civique patron officiel du positivisme. Mais je présume, comme vous, que l'interdit est maintenant levé, sans que le libraire m'ait spécialement informé d'un événement peu considérable pour lui. Son prochain versement trimestriel me fournira, le 15 avril, l'occasion naturelle de savoir à quoi nous en tenir là-dessus.

Deux heures après votre double envoi, je reçus, hier matin, les courts mais touchants adieux du noble et malheureux Dr Foley, venant, avec sa fatale poupée, m'annoncer son départ immédiat pour sa résidence médicale, où ses meubles étaient déjà transportés. C'est à Mantes, l'un des cinq chefs-lieux d'arrondissement du département qui renferme celui de la Seine, à la même distance de Paris vers l'ouest que le poste de M. Robinet vers l'est. Selon les explications antérieures de mon éminent disciple, un tel établissement médical me semble pleinement conforme à toutes les convenances spéciales, tant locales que professionnelles.

Je n'y vois d'autre inconvénient personnel que d'être à cinq quarts d'heure de Paris par le chemin de fer de Rouen. Ainsi va probablement devenir difficile la première condition du traitement de la déplorable malade, la restriction des contacts avec un père anarchique, principal soutien de la seule *croyance* propre à cette jeune dame, savoir que la vie humaine n'a nullement besoin d'être systématiquement réglée, et que le sentiment suffit toujours pour nous conduire sans aucune foi. Mais, du reste, je crains que la maladie ne soit radicalement incurable, malgré les espérances banales que suscite la réaction morale d'une prochaine maternité, qui peut-être développera les conflits, d'après les dissidences relatives à l'éducation de l'enfant. En reproduisant l'irréparable faute volontaire que je commis ayant dix ans de moins et me trouvant nécessairement dépourvu de tous guides, M. Foley sera probablement forcé, comme moi, de rechercher dans la vie publique la compensation des déceptions propres à la vie privée, ce qui doit naturellement arriver, de nos jours, à plusieurs vrais positivistes.

Une lettre, d'ailleurs précieuse, de M. Congreve, m'a récemment témoigné la satisfaction qu'il attend de votre salutaire visite. Vous aurez plaisir à le féliciter, comme moi, de la noble résolution qu'il m'annonce d'exécuter, dans trois ou quatre ans, l'important volume que je lui proposai, l'an dernier, sur l'histoire positiviste de la vraie révolution anglaise, afin de proclamer la connexité sociologique des deux grandes explosions républicaines person-

nifiées en Cromwell et Danton, de manière à lier
les deux prolétariats dont l'union importe le plus à
la réorganisation occidentale. Ce noble disciple,
heureusement pourvu d'une digne compagne, entre-
prend de réparer les lacunes de son éducation théorique à l'aide de mon récent volume ; en sorte que
j'espère qu'il pourra finalement arriver au sacerdoce
complet, tandis que je l'avais d'abord cru, par ce
motif, restreint au pur apostolat, dont il a déjà pris
une possession décisive dans son admirable opuscule.

En général, je ne saurais trop louer vos habitudes
normales de pérégrination occidentale, qui suscitent
des contacts éminemment propres à développer,
chez les vrais positivistes, l'union et le dévouement
dont l'insuffisance constitue le principal obstacle à
l'ascendant d'une doctrine maintenant complète.

Relativement à la prochaine publication de M. de
Lombrail, j'ai beaucoup félicité ce jeune disciple
sur sa noble résignation à refondre entièrement,
selon mes avis, l'insuffisante élaboration qu'il m'avait
d'abord soumise, et qui, dans son nouvel état, m'a
paru vraiment susceptible d'utilité secondaire, surtout d'après la sincérité saillante des convictions
ainsi formulées. Mais, au fond, l'auteur manquant
lui-même de force et de profondeur, sa *sommaire
exposition du positivisme* ne saurait en avoir davantage, et ne peut aucunement constituer un éminent
opuscule. C'est pourquoi, tout en approuvant l'assistance de MM. Hutton et Ingram envers l'impression de cette brochure, et même invitant leurs
camarades à suivre un tel exemple, j'ai plutôt

apprécié cette intervention d'après sa réaction subjective que selon sa valeur objective, sans engager
les deux Irlandais à dépasser le chiffre qu'ils avaient
spontanément fixé. Je verrais plus d'inconvénients
que d'avantages à faire, dans cette occasion, aucun
appel collectif aux souscripteurs habituels du subside positiviste, cette protection exceptionnelle
devant être soigneusement réservée pour les ouvrages
vraiment importants auxquels je ne pourrais encore
étendre l'efficacité normale du fonds typographique.

Je ne crois pas devoir terminer cette expansion
spontanée sans vous annoncer la précieuse visite
que je reçus, vendredi, de M. Cunliffe Owen,
capitaine de vaisseau en retraite de la marine royale
d'Angleterre. Ce vénérable vieillard, en me témoi-
gnant une noble humilité, profondément relevée
par une habituelle expression de dignité, m'a d'autant plus frappé qu'il m'est seulement venu d'après
ma réputation, n'ayant encore lu que des comptes
rendus du positivisme dans les revues britanniques.
Ses aspirations vraiment synthétiques ne se développent que depuis sa retraite, et sous l'unique
direction de Spinoza jusqu'ici, ce qui les rend insuffisantes et vagues. Mais, outre que notre entretien
l'a beaucoup affecté, sa visite s'est achevée en
emportant le *Catéchisme positiviste* avec *l'Appel aux
Conservateurs*, et me promettant de profiter souvent,
pendant son séjour à Paris, de ma cordiale invitation à revenir. Un tel contact m'est spécialement
précieux comme annonçant le développement spontané de l'importante assistance que doit aujourd'hui

fournir à la foi régénératrice l'élément sénile, de la chevalerie normale, composé des praticiens retirés dont votre exemple et votre patronage ont noblement offert le premier type.

Tout à vous,

AUGUSTE COMTE.

VIII

A Monsieur W. DE CONSTANT, à La Haye.

Paris (*10, rue Monsieur-le-Prince*), le dimanche 25 Dante 69.

Mon éminent disciple et digne patron,

Quoique je sois en vraie convalescence, je ne suis nullement rétabli de la plus grave maladie que j'aie jamais éprouvé depuis trente ans. La crise décisive eut seulement lieu, le lendemain de votre départ, le dimanche 26 juillet, par un copieux vomissement spontané de sang : sans effort ni douleur, j'en perdis, en cinq minutes, plus d'un demi-litre. Cette rude solution, combinée avec la sévère diète d'après laquelle je me suis surtout traité, m'a jeté dans une extrême faiblesse physique, qui maintenant constitue mon seul trouble essentiel. Cette courte réponse est un effort pour moi, quoique je commence, depuis quelques jours, à manger un peu de viande, même de bœuf.

En acceptant le généreux dévouement médical de M. Robinet, je me suis ouvertement réservé la surintendance du traitement. Au fond, il ne m'a réellement fait qu'une consultation, dont j'ai successivement écarté toutes les parties après une courte épreuve : en sorte que je suis seul responsable.

J'ai reçu jeudi le discours de M. de Stirum, que M. Lonchampt, sachant l'allemand, s'efforce de déchiffrer, pour m'en faire un rapport verbal.

Votre sollicitude m'a beaucoup touché.

AUGUSTE COMTE.

IX

A Monsieur W. DE CONSTANT, à La Haye.

Paris (*10, rue Monsieur-le-Prince*), le mardi 20 Gutenberg 69.

Mon éminent disciple et digne patron,

Malgré la difficulté d'écrire encore liée à ma longue et pénible convalescence, je suis très heureux de répondre à votre charmante lettre de vendredi. J'y sens combien, chez les belles natures, les mœurs aristocratiques rendent délicate et facile une discrétion qui, partout ailleurs, reste grossière et forcée. Quelque vaste que soit ordinairement ma correspondance, elle l'est davantage devenue depuis

ma maladie, d'après la sollicitude naturelle et
louable qui, de toutes les parties de l'Occident,
m'a procuré de touchants messages, auxquels je ne
pouvais guère me dispenser de répondre plus promptement que ne le permettait ma débilité physique.
Pendant les trois dernières semaines, j'ai, chaque
matin, écrit une de ces lettres, et quelquefois deux,
ce qui m'a souvent fatigué. Vous, qui m'aimez
plus que la plupart de ces inopportuns correspondants, et me comprenez mieux, m'avez seul
épargné ces affectueuses corvées.

J'accepte, avec une profonde satisfaction, vos
dignes félicitations sur la manière dont, à mes
risques, je me suis finalement affranchi, dans un
cas décisif, de la médecine, notre dernière tutelle
préparatoire, comme je l'avais successivement fait
de la théologie, de la métaphysique, et même de
la science, en gardant de chacune ce qu'elle a de
vraiment incorporable au positivisme. Outre le
développement général que cette pleine émancipation procure à ma grande mission sociale et religieuse, où j'utilise ainsi jusqu'à mes maladies, je
suis spécialement convaincu que mon volume capital
de l'an prochain en sera beaucoup amélioré, pour
l'ensemble et même les détails. Vos espérances
envers le renouvellement de forces, physiques et
morales, qui va bientôt résulter de cette crise,
coïncident avec les miennes, surtout quant à l'active longévité qu'exige l'immense office sacerdotal
propre à la vieillesse dont cet événement marque
le préambule, tandis que son début arrivera nor-

malement dans quatre ans, après.. l'entière, publication de ma construction finale. Mais cette perspective m'a déjà suggéré les précautions de régime
les plus convenables à ce résultat, réellement social,
quoique personnel en apparence. Non seulement je
ne veux plus recevoir, pendant tout le reste de ma
vie, que des disciples vraiment dévoués ou des
étrangers spécialement recommandés ; mais je n'ad-
mettrai personne avant midi, ni passé cinq heures.

Continuez, mon noble disciple, à toujours croître
en Fraternité, Vénération et Dévouement.

AUGUSTE COMTE,

*Fondateur de la Religion universelle
et premier Grand-Prêtre de l'Humanité.*

P.-S. — Puisse M. de Cappellen réaliser bientôt
son heureux projet de traduire, à mon usage, le
dernier discours de M. de Stirum ! Mon exemplaire
est, depuis son arrivée, entre les mains de M. Lonchampt, qui ne m'en a pas fait encore son rapport
verbal, probablement entravé par la difficulté de
déchiffrer le hollandais d'après l'allemand.

FIN DU PREMIER VOLUME

TABLE DES MATIÈRES

TABLE DES MATIÈRES (1)

DU PREMIER VOLUME

(1) Le dernier volume contiendra un index alphabétique de tous les noms des personnes citées dans la *Correspondance inédite.*

Une Lettre a Michel Chevalier

Quatorze Lettres a M. de Cappellen

Une Lettre a M. Williamson

Une Lettre a M. Alph. Leblais

Vingt Lettres a M. Papot

FIN DE LA TABLE